板書で見る 算数

全単元・全時間の授業のすべて

小学校 1年 上

田中博史 監修
筑波大学附属小学校算数部 企画・編集

東洋館出版社

算数好きを増やしたいと願う教師のために

―プロの授業人集団の叡智を結集した『板書で見る全単元・全時間の授業のすべて』―

本書は『板書で見る全単元・全時間の授業のすべて』のシリーズの第３期になります。

このシリーズは読者の先生方の厚い支持をいただき累計100万部となる，教育書としてはベストセラーと言えるシリーズとなりました。読者の皆様にあらためて感謝申し上げます。その後，本シリーズのヒットをきっかけに類似の本がたくさん世に出版されましたが，この算数の板書の本は今のブームの先駆けとなった文字通り元祖と言える書だと自負しています。

板書という言葉は，教育の世界特有の言葉です。文字通り授業で教師が黒板に書くという行為をさしているのですが，日本の初等教育においては，一枚の板書に45分の授業展開を構造的におさめることで，児童の理解を助けることを意識して行っています。

小学校の先生の間では当たり前になっているこの板書の技術が，実は諸外国の授業においては当たり前ではありません。いや日本においても中等教育以上ではやや価値観が異なる方も見かけます。内容が多いので仕方がないことも理解していますが，黒板に入りきらなくなったら前半の内容を簡単に消してしまったり，思いついたことをそのままただ空いているところに書き加えていったり……。

これでは，少し目を離しただけでついていけなくなる子どもが出てきてしまいます。子どもの発達段階を考えると小学校では，意識的な板書の計画の役割は大きいと考えます。

また教師にとっても，45分の展開を板書を用いて計画をたて準備することは，具体的なイメージがわきやすいためよい方法だと考えます。昔から達人と言われる諸先輩方はみんな取り入れていました。その代表が故坪田耕三先生（前青山学院大学，元筑波大学附属小学校副校長）だったと思います。坪田氏の板書は芸術的でさえありました。その後，若い先生たちはこぞって坪田先生の板書を真似し，子どもの言葉を吹き出しを用いて書きこんだり，中心課題をあえて黒板の真ん中に書くなどの方法も取り入れられていきました。

単なる知識や技能の習得のための板書だけではなく，新学習指導要領の視点として強調されている数学的な見方・考え方の育成の視点から板書をつくることも意識していくことが大切です。すると活動の中でのめあての変化や，それに対する見方・考え方の変化，さらには友達との考え方の比較なども行いやすいように板書していくことも心掛けることが必要になります。子どもたちの理解を助ける板書の文化は，本来は中等教育以上でも，さらには今後は，諸外国においても大切にしていくことが求められるようになると考えます。本書がそうした広がりにも一翼を担うことができれば素晴らしいと考えます。

本シリーズの第一作目は，この板書を明日の授業設計にも役立てようという趣旨で2003年に東洋館出版社から発刊されました。事の始まりは田中博史と柳瀬泰（玉川大学，元東京都算数教育研究会会長)，髙橋昭彦（米国デュポール大学，元東京学芸大学附属世田谷小学校）の三人で1996年に始めたビジュアル授業プランのデータベース化計画に遡ります。当時から日本の板書の文化，技術を授業づくりの大切な要素として考え，これを用いた「明日の授業づくりの計画」に役立てていくことを考えていたわけです。互いの板書を共有化すること，それを文字や表組という分かりにくい指導案の形式ではなく，ビジュアルな板書という形式で保存をしていくことを考えたのです。残念ながら当時は一部分のみで完成にはいたりませんでしたが，時を経て，2003年の東洋館出版社の本シリーズの第一作目では１年から６年までの算数の全単元，全時間のすべてを全国の力のある実践家にお願いしておさめることに成功しました。全単元，全時間のすべてを板書を軸にしておさめることに取り組んだ書籍は，当時は他になかったと記憶しています。

今回のシリーズも執筆者集団には，文字通り算数授業の達人と言われる面々を揃えました。子どもの姿を通して検証された本物の実践がここに結集されていると思います。

特に，上巻では筑波大学附属小学校の算数部の面々が単著として担当した書もあります。２年は山本良和氏，３年は夏坂哲志氏，４年は大野桂氏，５年は盛山隆雄氏が一冊すべてを執筆しました。さらに６年は関西算数教育界の第一人者である尾崎正彦氏（関西大学初等部）が書き上げています。他に類を見ない質の高さが実現できました。

１年は，下巻で予定している共著の見本となることを意識し，筑波大学附属小学校の中田寿幸氏，森本隆史氏，さらに永田美奈子氏（雙葉小学校），小松信哉氏（福島大学）に分担執筆をしていただきました。総合企画監修は田中がさせていただいております。

本シリーズの下巻は，この上巻の１年の書のように全国算数授業研究会や各地域の研究団体で活躍している，力のある授業人の叡智を結集したシリーズとなっています。

さらに今回は，各巻には具体的な授業のイメージをより実感できるように，実際の授業シーンを板書に焦点を当て編集した授業映像DVDも付け加えました。

明日の算数授業で，算数好きを増やすことに必ず役立つシリーズとなったと自負しています。

最後になりましたが，本シリーズの企画の段階から東洋館出版社の畑中潤氏，石川夏樹氏には大変お世話になりました。この場を借りて厚くお礼を申し上げる次第です。

令和２年２月

板書シリーズ算数　総合企画監修

「授業・人」塾　代表　田中　博史

前筑波大学附属小学校副校長・前全国算数授業研究会会長

板書で見る
全単元・全時間の授業のすべて
算数 1年上

目　次

板書で見る全単元・全時間の授業のすべて

算数 小学校１年上

目次

3　たしざん(1)　8時間

4　ひきざん(1)　9時間

5　ながさくらべ　4時間

9　3つのかずのけいさん　4時間

10　かさくらべ・ひろさくらべ　5時間

本書活用のポイント

本書は読者の先生方が，日々の授業を行うときに，そのまま開いて教卓の上に置いて使えるようにと考えて作成されたものです。１年間の算数授業の全単元・全時間の授業について，板書のイメージを中心に，展開例などを見開きで構成しています。各項目における活用のポイントは次のとおりです。

題　名

本時で行う内容を分かりやすく紹介しています。

目　標

本時の目標を端的に記述しています。

本時の板書例

45分の授業の流れが一目で分かるように構成されています。単なる知識や技能の習得のためだけではなく，数学的な見方・考え方の育成の視点からつくられており，活動の中でのめあての変化や，それに対する見方・考え方の変化，さらには友達との考え方の比較なども書かれています。

また，吹き出しは本時の数学的な見方・考え方につながる子どもの言葉となっており，これをもとに授業を展開していくと効果的です。

授業の流れ

授業をどのように展開していくのかを，４～５コマに分けて紹介しています。

学習活動のステップとなるメインの吹き出しは，子どもが主体的になったり，数学的な見方・考え方を引き出すための発問，または子どもの言葉となっており，その下に各留意点や手立てを記述しています。

青字のところは，授業をうまく展開するためのポイントとなっています。予想される子どもの発言例は，イラストにして掲載しています。

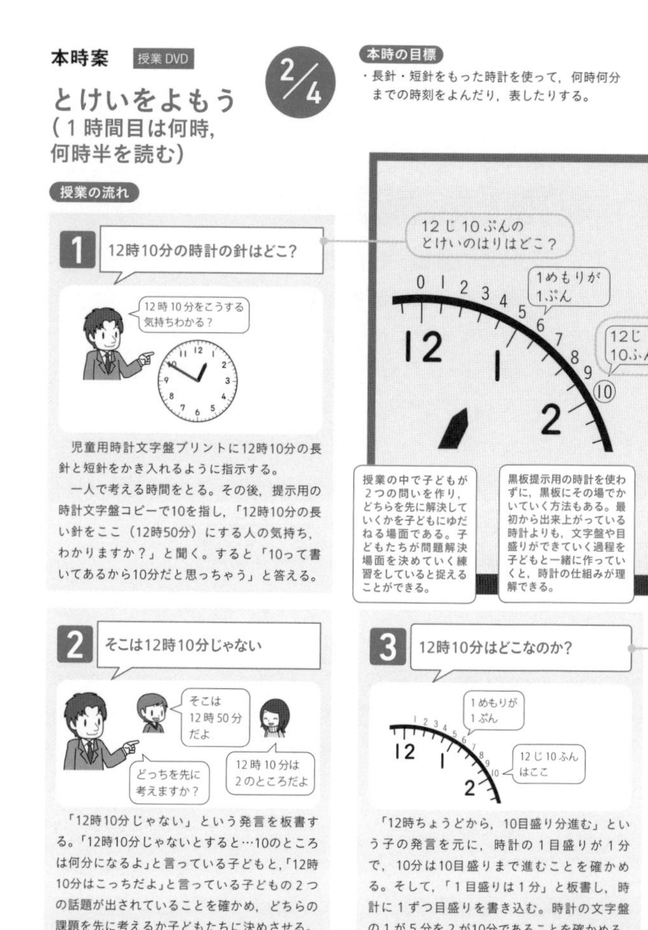

本時案　授業 DVD

2/4

とけいをよもう
（１時間目は何時，何時半を読む）

本時の目標

・長針・短針をもった時計を使って，何時何分までの時刻をよんだり，表したりする。

授業の流れ

1 12時10分の時計の針はどこ？

12時10分をこうする気持ちわかる？

児童用時計文字盤プリントに12時10分の長針と短針をかき入れるように指示する。

一人で考える時間をとる。その後，提示用の時計文字盤コピーで10を指し，「12時10分の長い針をここ（12時50分）にする人の気持ち，わかりますか？」と聞く。すると「10って書いてあるから10分だと思っちゃう」と答える。

12じ10ぷんの とけいのはりはどこ？

1めもりが 1ぷん

12じ 10ぷん

授業の中で子どもが２つの問いを作り，どちらを先に解決していくかを子どもにゆだねる場面である。子どもたちが問題解決場面を決めていく練習をしていると捉えることができる。

黒板提示用の時計を使わずに，黒板にその場でかいていく方法もある。最初から出来上がっている時計よりも，文字盤や目盛りができていく過程を子どもと一緒に作っていくと，時計の仕組みが理解できる。

2 そこは12時10分じゃない

そこは12時50分だよ

12時10分は2のところだよ

どっちを先に考えますか？

「12時10分じゃない」という発言を板書する。「12時10分じゃないとすると…10のところは何分になるよ」と言っている子どもと，「12時10分はこっちだよ」と言っている子どもの２つの話題が出されていることを確かめ，どちらの課題を先に考えるか子どもたちに決めさせる。

3 12時10分はどこなのか？

1めもりが 1ぷん

12じ10ぷんはここ

「12時ちょうどから，10目盛り分進む」という子の発言を元に，時計の１目盛りが１分で，10分は10目盛りまで進むことを確かめる。そして，「１目盛りは１分」と板書し，時計に１ずつ目盛りを書き込む。時計の文字盤の１が５分を２が10分であることを確かめる。

とけいをよもう（1時間目は何時，何時半を読む）
134

実際の板書

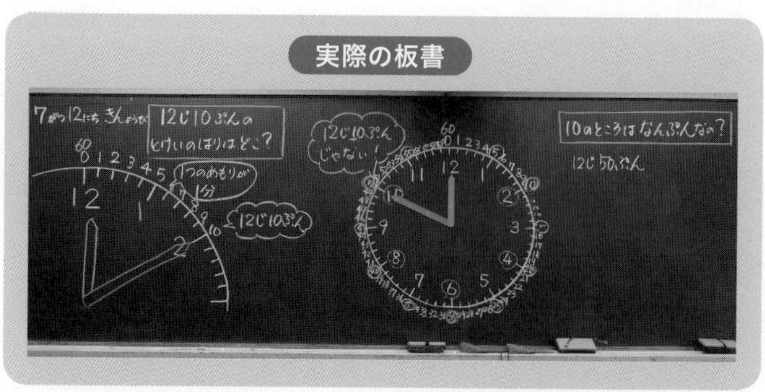

本時の評価
・時計の１目盛りが１分ずつになっていることを理解し，５分ずつ，10分ずつの目盛りが時計の数字に対応していることがわかる。

準備物
①児童用時計文字盤プリント
②①を提示用に拡大コピーしたもの
③提示用大型時計模型
④児童用時計模型

提示する問題は，12時10分を聞く他にも，10時５分を聞くのもよい。また，長針と短針が連動していなければ，短針は12，長針は10を指し示したり，11時50分にしたりして提示するなど，子どもたちの実態に合わせて変えていくこともできる。

4 10のところは何分なのか？

「６のところが12時半で30分だからそれよりも多くなるはず」と他の数のわかっている時間を使って考えていればほめる。

「２とびの２，４，６，８，10のところが10分，20分，30分，40分，50分ってなっているよ」「時計の数字は，５分ずつ増えている」ことを使って考える。

5 もっと早くわかるよ

時計の目盛りは，まずは10分刻み，次に５分刻み，最後は１分刻みと読めば，早く数えられることも子どもの言葉で説明させたい。

時計の文字盤は「１目盛りが１分」「５分ごとに数字」「２，４，６，８，10が10とびになっている」がそのまま本時のまとめとなる。

1 なかまづくりとかず
2 なんばんめ
3 たしざん(1)
4 ひきざん(1)
5 なかさくらべ
6 せいり（表とグラフ）
7 10より大きいかず
8 とけい
9 3つのかずのけいさん
10 かさくらべ・ひろさくらべ

第２時
135

評　価

本時の評価について２～３項目に分けて記述しています。

準備物

本時で必要な教具及び掲示物等を記載しています。

まとめ

本時の学習内容で大切なところを解説しています。授業の終末，あるいはその途中で子どもから引き出したい考えとなります。

特典 DVD

具体的な授業のイメージをより実感できるように，実際の授業を収録したDVD（１時間分）がついています(本書は左の事例)。

単元冒頭頁

各単元の冒頭には，「単元の目標」「評価規準」「指導計画」を記載した頁があります。右側の頁には，単元の「基礎・基本」と育てたい「数学的な見方・考え方」についての解説を掲載。さらには，取り入れたい「数学的活動」についても触れています。

本書の単元配列／1年上

単元（時間）	指導内容	時間
1　なかまづくりとかず (14)	第1次　たりるかな	1時間
	第2次　おなじかずのなかまをさがそう（1から5）	1時間
	第3次　5はいくつといくつ	1時間
	第4次　おなじかずのなかまをさがそう（6から10）	2時間
	第5次　いくつといくつ（6から10）	6時間
	第6次　おおきさをくらべよう	1時間
	第7次　0というかず	1時間
2　なんばんめ (2)	第1次　順序数	2時間
3　たしざん(1) (8)	第1次　合併	2時間
	第2次　増加	3時間
	第3次　たし算の習熟	2時間
	第4次　0のたし算	1時間
4　ひきざん(1) (9)	第1次　ひき算（求残）の意味と計算の仕方	6時間
	第2次　ひき算（求差）の意味と計算の仕方	2時間
	第3次　まとめ	1時間
5　ながさくらべ (4)	第1次　直接比較と間接比較	2時間
	第2次　任意単位を用いての測定	2時間
6　せいり（表とグラフ） (2)	第1次　ものの個数を絵や図を用いて整理して表す	2時間
7　10より大きいかず (9)	第1次　20までの数	5時間
	第2次　たし算とひき算	2時間
	第3次　20より大きい数	2時間
8　とけい (4)	第1次　何時，何時半の読み方	1時間
	第2次　何時何分（10分単位，5分単位，1分単位の読み方	3時間
9　3つのかずのけいさん (4)	第1次　3口の数の加法・減法	4時間
10　かさくらべ・ひろさくらべ (5)	第1次　かさくらべ	3時間
	第2次　ひろさくらべ	2時間

I

第１学年の
授業づくりのポイント

第１学年の授業づくりのポイント

1 第１学年上巻の内容

第１学年の上巻に収められている内容は，次の10単元である。

①なかまづくりとかず　②なんばんめ　③たしざん⑴
④ひきざん⑴　⑤ながさくらべ　⑥せいり（表とグラフ）
⑦10より大きいかず　⑧とけい　⑨３つのかずのけいさん
⑩かさくらべ・ひろさくらべ

これらの単元に関する内容を，学習指導要領の記述と対応させると主に次のようになる。

〈数と計算〉

この領域に入る単元は６単元あり，１年生の学習内容の多くが「数と計算」領域であることがわかる。

「①なかまずくりとかず」，「②なんばんめ」，「③たしざん⑴」，「④ひきざん⑴」，「⑦10より大きいかず」，「⑨３つのかずのけいさん」といった単元である。

⑴数の構成と表し方に関わる数学的活動を通して，次の事項を身に付けることができるよう指導する。

【知識及び技能】
- １対１対応により個数を比較する
- 個数や順番を正しく数えたり表したりする
- 数の大小や順序を考え，数直線の上に表す
- 一つの数をほかの数の和や差としてみたり，ほかの数と関係付けてみたりする
- ２位数，簡単な場合の３位数を表す
- 数を，十を単位としてみる
- 具体物をまとめて数えたり等分したりして整理し，表す

【思考力，判断力，表現力等】
- 数のまとまりに着目し，数の大きさの比べ方や数え方を考え，それらを日常生活に生かす

⑵加法及び減法に関わる数学的活動を通して，次の事項を身に付けることができるよう指導する。

【知識及び技能】
- 加法及び減法の意味について理解し，それらが用いられる場合について知る
- 加法及び減法が用いられる場面を式に表したり，式を読み取ったりする
- １位数と１位数との加法及びその逆の減法の計算が確実にできる
- 簡単な場合について，２位数などについても加法及び減法ができることを知る

【思考力，判断力，表現力等】
- 数量の関係に着目し，計算の意味や計算の仕方を考えたり，日常生活に生かしたりする

第１学年では，ものとものとを対応させてものの個数を比べる活動などから始め，やがて，その個数を正しく数えたり，個数を数字で表したりできるようにする。こうした活動を通して，数の大小

や順序を知り，次第に数の概念や表し方を理解できるようにしていく。そして，数のまとまりに着目しながら，徐々に数の範囲を広げていく。また，生活の中で実際に数を使うことで，数を使うよさを感じ，数についての感覚を豊かにしていく。

加法及び減法に関しては，数量の関係に着目し，加法及び減法の意味や計算の仕方を考えたり，これらの計算が用いられる場面をイメージし式に表したり式を読み取ったりすることができるようにすることが大切である。

〈図形〉

「図形」領域については，「②なんばんめ」の単元がある。

(1)身の回りにあるものの形に関わる数学的活動を通して，次の事項を身に付けることができるよう指導する。

【知識及び技能】

・前後，左右，上下などの方向や位置についての言葉を用いて，ものの位置を表す

方位や位置に関する言葉には，前後，左右，上下などの方向を表すものと，一番前や何番目，真ん中などの位置を表すものがある。これらを用いる際には一定のものを基準として表現する必要があることを理解できるようにすることが大切である。

〈測定〉

「測定」領域については，「⑤ながさくらべ」，「⑧とけい」，「⑩かさくらべ・ひろさくらべ」の単元がある。

(1)身の回りのものの大きさに関わる数学的活動を通して，次の事項を身に付けることができるよう指導する。

【知識及び技能】

・長さ，広さ，かさなどの量を，具体的な操作によって直接比べたり，他のものを用いて比べたりする

・身の回りにあるものの大きさを単位として，その幾つ分かで大きさを比べる

【思考力，判断力，表現力等】

・身の回りのものの特徴に着目し，量の大きさの比べ方を見いだす

(2)時刻に関わる数学的活動を通して，次の事項を身に付けることができるよう指導する。

【知識及び技能】

・日常生活の中で時刻を読む

【思考力，判断力，表現力等】

・時刻の読み方を用いて，時刻と日常生活を関連付ける

第１学年では，身の回りのものの特徴に着目し，量の大きさの比べ方を見いだしたり量の大きさを表現したりすることを主なねらいとしている。量の大きさを比べる際には，長さでの比較や測定の仕方と同じように，広さやかさについても，直接比較，間接比較，任意単位による測定という比べ方ができることに気付くことができるように指導することが大切である。長さ，広さ，かさなど，児童が身の回りにある量に関心をもって調べたり，身の回りのものの大きさの比べ方を見いだそうとした

りする態度を養うことも大切である。時刻に関しては，時刻を表す単位に着目し，日常生活で時刻を読み，主体的に生活の予定を考えたり，時刻の見通しをもって行動したり，時刻を守って楽しく生活しようとしたりすることができるように，時刻の学習と日常生活を関連付けた指導を行うことも，時刻の学習以降も，継続指導をしていくことが大切である。

〈データの活用〉

「データの活用」領域については，「⑥せいり（表とグラフ）」の単元がある。

⑴数量の整理に関わる数学的活動を通して，次の事項を身に付けることができるよう指導する。

【知識及び技能】

・ものの個数について，簡単な絵や図などに表したり，それらを読み取ったりする

【思考力，判断力，表現力等】

・データの個数に着目し，身の回りの事象の特徴を捉える

児童が日常生活や学校生活の場面で関心をもったことについて，個数に着目して簡単な絵や図などに表し，比較する活動を設けることが大切である。児童の生活と算数の学習をつなげ，数量の表現を工夫することで，事象の特徴が捉えやすくなることに気付くことができるようにすることも大切である。その際，絵や図の大きさを揃えることや，均等に配置することが必要であることに気付くことができるよう工夫することが必要である。

2 数学的活動の充実

数学的活動として，第１学年では，具体的経験を大切にする操作等を通して数量や図形を見いだす活動を重視する。具体物を使って素朴に学ぶための操作活動については，児童が目的意識をもって主体的に行う活動となるよう配慮する必要がある。その上で，次のような数学的活動に取り組むことが大切である。

ア　身の回りの事象を観察したり，具体物を操作したりして，数量や形を見いだす活動
イ　日常生活の問題を具体物などを用いて解決したり結果を確かめたりする活動
ウ　算数の問題を具体物などを用いて解決したり結果を確かめたりする活動
エ　問題解決の過程や結果を，具体物や図などを用いて表現する活動

「ア　身の回りの事象を観察したり，具体物を操作したりして，数量や形を見いだす活動」においては，「これまでの児童の生活経験が算数の学習につながっていくことを実感できるようにする」ことが大切である。

例えば，「⑧とけい」の「３／３　生かつじかんをふりかえろう」の実践では，家庭に事前に連絡をし協力を頂きながら「朝起きてから寝るまでを時計で見てみよう」という活動を展開している。自分の生活そのものを算数の学びの過程で観察し，時計の模型等を操作しながら，時刻を日常生活と関連させることで，時計を活用しようとする資質・能力を育むことを目指している。

板書「とけい」第３時

「イ　日常生活の問題を具体物などを用いて解決したり結果を確かめたりする活動」においては，「日常生活の中に算数で解決することができる課題があることに関心をもたせるとともに，それを実際に解決したりその結果を確かめたりする活動を経験させる」ことが大切である。

例えば，「⑥せいり（表とグラフ）」の「１／２　どのどうぶつがにんきがあるのかな」の実践では，子どもに事前に「ライオン，パンダ，キリン，リス」の中でどの動物が見たいかについて選ばせておく。子どもたちは，友達はどの動物を見たいと思っているのかや，どの動物が一番人気なのかなど興味をもって学習に取り組むだろう。その上で，動物の絵をバラバラに黒板に貼る，絵の大きさが違っている，１対１対応しないように意図的に黒板に貼る，などの方法で自分たちが興味をもった事象を数学的な見方・考え方を働かせながら解釈する活動を展開している。

板書「せいり（表とグラフ）」第１時

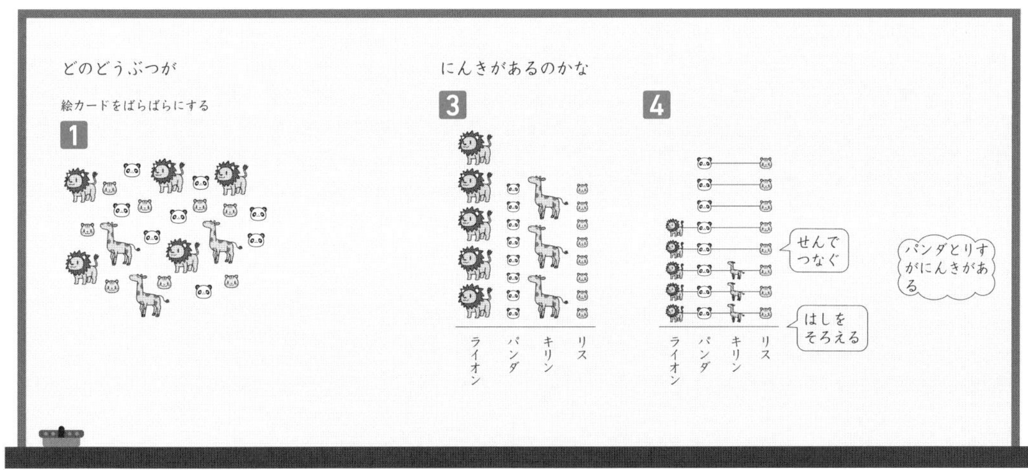

「ウ　算数の問題を具体物などを用いて解決したり結果を確かめたりする活動」においては，「既習事項を活用することで算数の問題を解決することが容易になることに関心をもたせるとともに，実際に解決したりその結果を確かめたりする活動を経験させる」ことが大切である。

例えば，「④ひきざん(1)」の「３／９　どんなしきになるかな」の実践では，既習事項である求残の場面の知識及び技能を基に，求補の場面もひき算として捉え表現することができることへの理解を図ることを目指している。既習事項を活用しながら，ひき算の意味を広げるという統合的・発展的な考え方の基礎となる経験となっている。

板書「ひきざん(1)」第3時

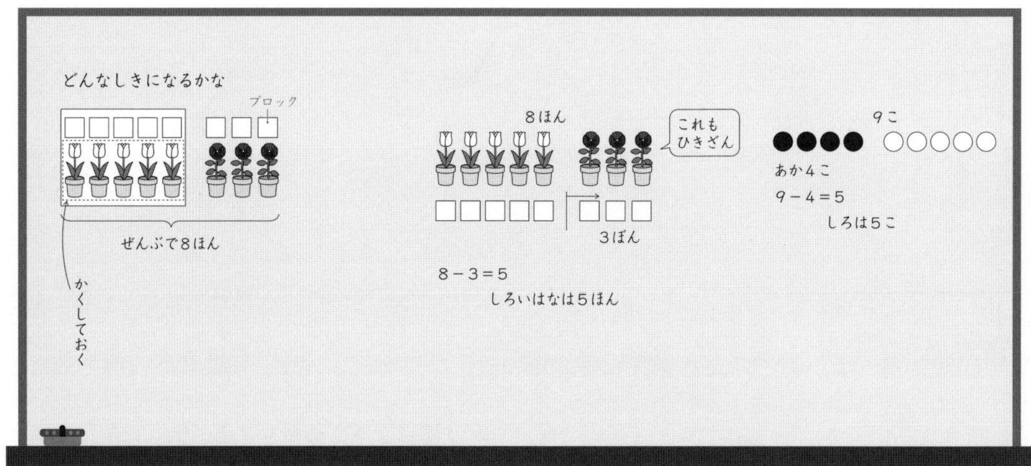

「エ　問題解決の過程や結果を，具体物や図などを用いて表現する活動」においては，「具体物や図などを用いることで自ら取り組んでいる問題解決の過程やその結果を分かりやすく表すことを目指す。」ことが大切である。

例えば，「③たしざん」の「2／8　ふえるといくつ②」の実践では，子どもたちが描いた絵から，お話に登場する猫をより簡潔に表現している絵を見取り，全体でそのよさを共有させようとしている。

板書「たしざん(1)」第2時

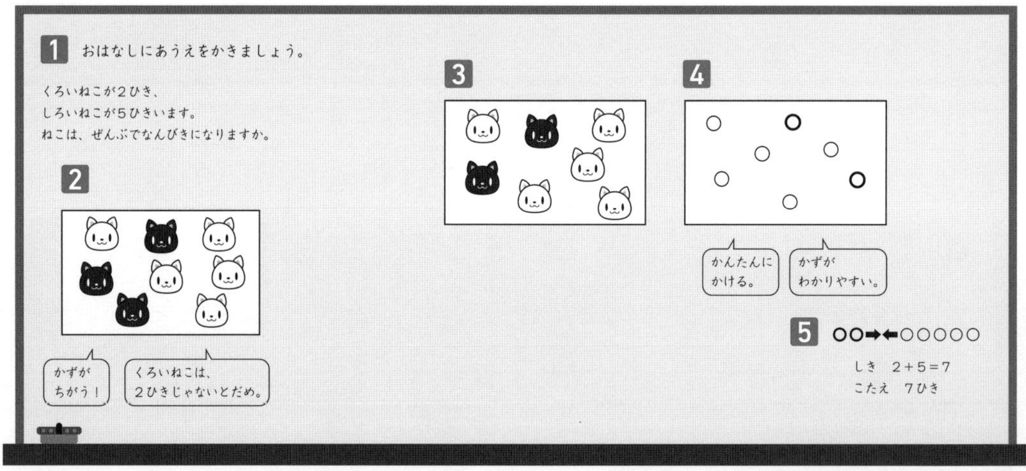

もし子どもに「どうして○で描こうと思ったのかな？」と問えば「○の方が簡単だから」「猫の絵を描くのはちょっとたいへんだから」などの答えが返ってくるかもしれない。「たいへん」「面倒」といった感覚は算数ではとても重要であり，それらをきっかけにして，数学的な表現を「簡潔・明瞭・的確」なものに高める学習活動へと展開できる。

【参照・引用文献　小学校学習指導要領（平成29年告示）解説　算数編　文部科学省】

Ⅱ

第１学年の算数
全単元・全時間の板書

1 なかまづくりとかず （14時間扱い）

単元の目標

・10までの数について，個数の比べ方や数の読み方及び書き方，数の構成を理解し，数のまとまりに着目して数の大きさの比べ方や数え方を考える力，数の構成に着目して数を多面的にみる力を養うとともに，数に親しみ，数で比べたり表したりするよさや楽しさを感じながら学ぶ態度を養う。

評価規準

知識・技能	①10までの数について，１対１の対応を付けることで，ものの個数を比べる方法や数の読み方及び書き方，数の構成を理解し，ものの個数を比べたり，数を正しく数え数字を読んだり書いたり，数の合成や分解をしたりすることができる。
思考・判断・表現	②数のまとまりに着目し，数の大きさの比べ方や数え方を考えブロックや図，言葉などを用いて表現したり，数の構成に着目し，一つの数をほかの２つの数の和や差として捉え半具体物や図，言葉などを用いて表現したりしている。
主体的に学習に取り組む態度	③数で比べたり表したりするよさや楽しさを感じながら学ぼうとしている。

指導計画 全14時間

次	時	主な学習活動
第１次 たりるかな	1	直接対応できない２つの集合の要素の個数について，媒介物を用いて比較し，数量の相等，多少の意味を考える。
第２次 おなじかずのなかまをさがそう（１から５）	2	同じ個数の集合を見つけ，数詞を対応させるとともに，各要素の数や数図に１から５までの数字を対応させる。
	3	１から５までの数について，半具体物，数図，数字，数詞などを互いに対応させるとともに，５を様々な形で表す。
第３次 ５はいくつといくつ	4	５の構成を捉え，５をいくつといくつで表す。
第４次 おなじかずのなかまをさがそう（６から10）	5	同じ個数の集合を見つけ，数詞を対応させるとともに，各要素の数や数図に６から10までの数字を対応させる。
	6	６から10までの数について，半具体物，数図，数字，数詞などを互いに対応させる。
第５次 いくつといくつ（６から10）	7	６の構成を捉え，６をいくつといくつで表すとともに，数の構成的な見方を活用してものの数を数える。
	8	７の構成を捉え，７をいくつといくつで表すとともに，数の構成的な見方を活用してものの数を数える。

次	時	主な学習活動
第５次 いくつといくつ（６から10）	9	８の構成を捉え，８をいくつといくつで表すとともに，数の構成的な見方を活用してものの数を数える。
	10	９の構成を捉え，９をいくつといくつで表すとともに，数の構成的な見方を活用してものの数を数える。
	11	10の構成を捉え，10をいくつといくつで表す。
	12	10を合成するとともに，数の構成的な見方を活用してものの数を数える。
第６次 おおきさをくらべよう	13	１から10までの数について，大小比較をするとともに，大小比較を基に数字を並べる。
第７次 ０というかず	14	ゲームの結果を表す活動を通して，「０」の意味，「０」を用いる場面，「０」のよみ方及び書き方を知る。

単元の基礎・基本と見方・考え方

10までの数について，数のまとまりや数の構成に着目し，数の大きさの比べ方や数え方を考えたり，一つの数をほかの２つの数の和や差として捉えたりする数学的な見方・考え方を働かせ，数の構成と表し方に関わる数学的活動を通して，基礎・基本を身に付けるようにする。

⑴集合の考え

ものの個数を数えるとき，数えるものの集合を明確に捉えることが大切である。絵を見ながら仲間づくりをしていくことは，ある観点から集合をつくっていくことになる。また，同じ観点で仲間をつくると，集まりの大きさを比較できることに気付くこともできる。今後，たし算やひき算をするとき，同じ単位のもの同士でないと計算した結果の意味が明確ではなくなってしまうことの理解にもつながっていく。

⑵関数の考え

２つの集合の要素を比べるとき，直接数えて数で表さなくても，２つの集合の要素との間に１対１の対応を付けることにより，要素の個数の相等や大小を判断することができる。また，音のように目に見えないものや，通り過ぎる車のように動いているもの，校庭にある木のように手元で操作できないものにも対応の考えを使おうとするアイディアを引き出すことが大切である。日常の事象と半具体物（ブロックなど）とを対応させることは，数えられるものに置き換えるというアイディアであり，関数の考えの基礎となっていく。

⑶「０」の必要性

数としての「０」について，子どもたちの生活経験やゲームなどの活動から，その数の必要性に気付かせ，数としての理解を深めていく。その際，「残っていない」「なくなった」「なにもない」といった状態を表す言葉と結びつけながら「０」の意味，読み方，書き方を指導する。

⑷１つの数を多面的に捉える

一つの数を合成や分解により構成的にみることができるように活動を通して学んでいくようにする。例えば，「８は３と５に分けられる」ということの理解を，おはじきやブロック等の半具体物を用いて確かなものとしていくことが大切である。また，一つの数をほかの数と関係付けてみることも大切である。例えば，８を10と関係付けて，「８は10より２小さい」や「８はあと２あれば10になる」など，数を多面的にみることができるようにする。このような数の見方は，加減計算の理解の素地として重要な内容である。

本時案
たりるかな

本時の目標

・集合の要素の個数の多少を１対１対応の方法で比べる活動を通して，数が同じ，違う（多い，少ない）などの意味を理解する。

授業の流れ

1 絵を見ながらお話をしましょう

（少しずつ絵を見せていく）
ボールがあります
ボールはどれかな
イヌは６匹います

拡大した絵を黒板に提示する。

子どもたちは「イヌがいます」「ボールがあります」などと話し始めるので「ボールはどれかな」「鳥はどれかな」などと問い返し，集合の見方の素地を養う。

生活経験から「私はみかんが大好きです」などのような発言や「イヌは６匹います」などのような数に着目した発言も聞こえてくると思われる。「そうなんだね」「本当だね」などと子どもと対話をしながら，提示した絵（事象）と関わる時間を設ける。

2 ところで，何をしているのでしょう

ボールで遊ぼうとしています
鳥がリンゴを食べようとしています
ボールが余るよ

２つの集合の要素の個数に着目させる。

子どもたちから「ボールが余ると思う」などと，直感的に個数の多少を判断する発言が聞こえたら，「本当かな」と問い返し，１対１対応の活動へとつなげていく。

3 ぴったりかな

黒板に提示した絵と同じ絵を，縮小して配付する。そして，それぞれの場面について，「イヌはみんな，ボールで遊べるでしょうか」「鳥はみんな，リンゴを食べられるでしょうか」などと１対１対応の活動を設ける。

絵は動かすことができないので，線で結ぶ子どもを意図的に見取り全体に広げる。

「線で結ぶこと」と「足りない，余るの判断」が確実にできるように，子どもたちが説明し合う場を設ける。

本時の評価

・ものの個数を比べる場合，1対1の対応を付けることで，個数が同じや違うことが分かり，個数の相等や大小を判断することができる。

4 線を引かなくても分かる方法はないかな

「足りない，余るの判断」はできたので，子どもたちは，比較の方法に集中できる。

「置き換える」アイディアを見取り，「素晴らしいですね」「どうしてそうしようと思ったの」などと価値付け，ブロックに置き換えて比べる活動へとつなげる。

ブロックの色を2種類用いた方法と1種類の方法を取り上げその意図を共有させる。

5 別の絵でも考えましょう

別の絵を黒板に提示し，縮小した絵を子どもたちに配付する。「足りない，余る」の判断についてブロックを用いて行うように指示をする。

1人で考える時間をとり，その後，ペアで「ブロックで過不足なく置き換えられているか」「足りない，余るの判断は正しいか」について確認をする時間を設ける。

本時案

おなじかずの なかまをさがそう

2/14

本時の目標

・1から5までの数について，数詞と数字が対応していることを知り，1から5個のものの数を数えたり，数字の書き方を理解したりする。

授業の流れ

1 動物たちは何をしているのでしょう

風船をもらおうとしている
お話をしている
ドライブをしている
ネコさんはひとりぼっちだ

拡大した絵を黒板に提示し，どんな場面の絵であるのかを自由に話し合わせる。

話の中で，数に着目した発言を聞き取り，「どういうことかな」「どこを見てお話をしているのかな」と問い返し，例えば「ネコはひとりぼっち」「一輪車が3個ある」といった発言から，数の概念を理解させるきっかけをつくる。

2 1（いち）を探しましょう

子どもたちは，ひとりぼっちのネコが気になると思う。（子どもの反応に応じて数の指導順序を変えてよい）提示用ブロックを1つ示し，絵の中から1という観点で同じ数の集合を見つけさせる。

・時計　・車　など

数図カードを示したり，ノートに○などを1個かいたり，教室の中から1個のものを見つけさせたりなどすることで，1という数のイメージを捉えられるようにする。

3 このブロックと同じ数のものを探しましょう

2～5のブロックを黒板に提示し，それぞれの数と同じ数のもの見つけさせる。

ブロック，絵の中のもの，数図カード，ノートにかく○，教室の中のもの，などにより，2～5について，数のイメージを捉えられるようにする。

本時の評価

・1から5個のものの数を数えたり，数字を書いたりすることができる。

4 同じ数を見つけましょう

1（いち），2（に），3（さん），4（し），5（ご）の「読み方」「数字」「ブロック」「絵や図」を関連付けて黒板に整理する。

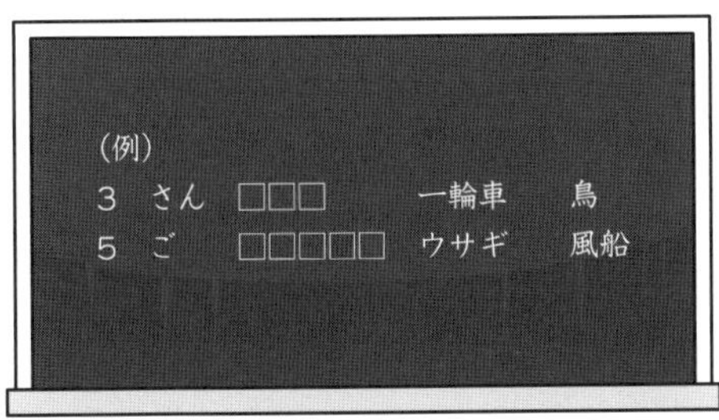

5 1～5の数字の書き方を練習しましょう

具体物がかかれた絵，数図カード，ブロック，教室から見つけたもの，など，より多くのものから，数詞，数字を対応させることを丁寧に行う。なお，4と5の書き順に気を付けながら，数字の書き順を指導する。

本時案

かぞえたり ならべたりしよう

3/14

本時の目標

・1から5までの数について，具体物，半具体物，数図，数字，数詞を相互に関連付けて捉え，数の感覚を豊かにすることができる。

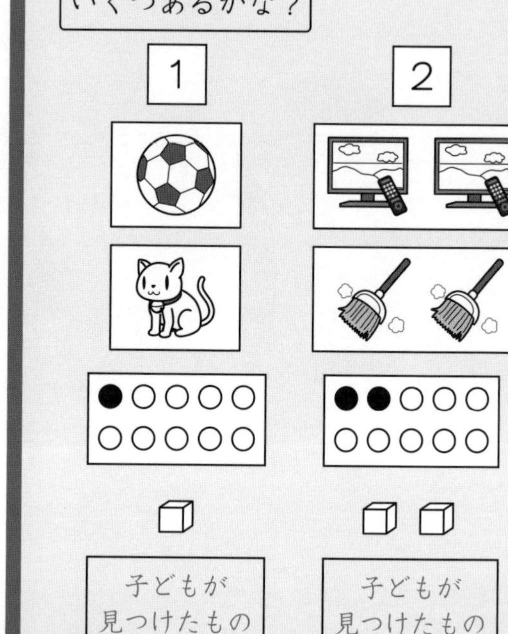

授業の流れ

1 いくつありますか。数字カードを出しましょう

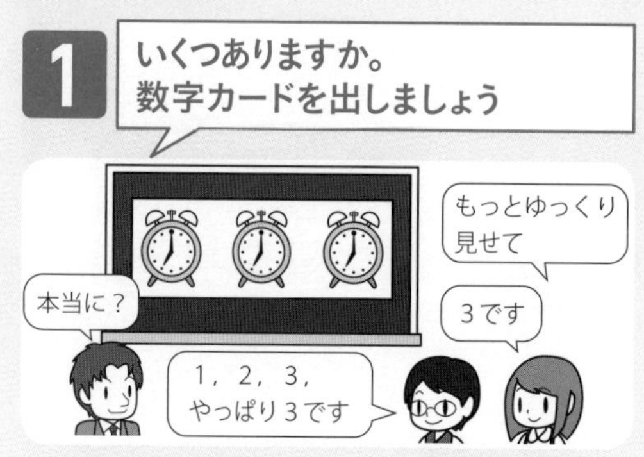

1～5までの具体物がかかれた絵を，フラッシュカードとして1枚ずつ瞬間的に提示する。その後，それぞれの数について，以下の活動を設ける。

・数詞を言う
・その数と同じ数字カードを出させる
・その数と同じ数のブロックを出させる
・数字をかく

2 同じ数だけ出しましょう

教師が1～5までの数字カードをランダムに提示する。その後，それぞれの数について，以下の活動を設ける。

・数詞を言う
・同じ数の数図カードを出させる
・同じ数だけブロックを出させる
・数字をかく

3 同じものを探しましょう

身の回りの文房具や教室の中及び校舎内にあるものの中から1から5とそれぞれ同じ数のものを探させる。見つけたものは，絵や図，言葉でカード（小さめの画用紙等）に表し全員で確認する場を設ける。

身の回りにある数に興味をもたせる。

本時の評価

・1から5までの数について，数の大きさが分かり，事象からその要素を捉え，数字や形で表すことができる。

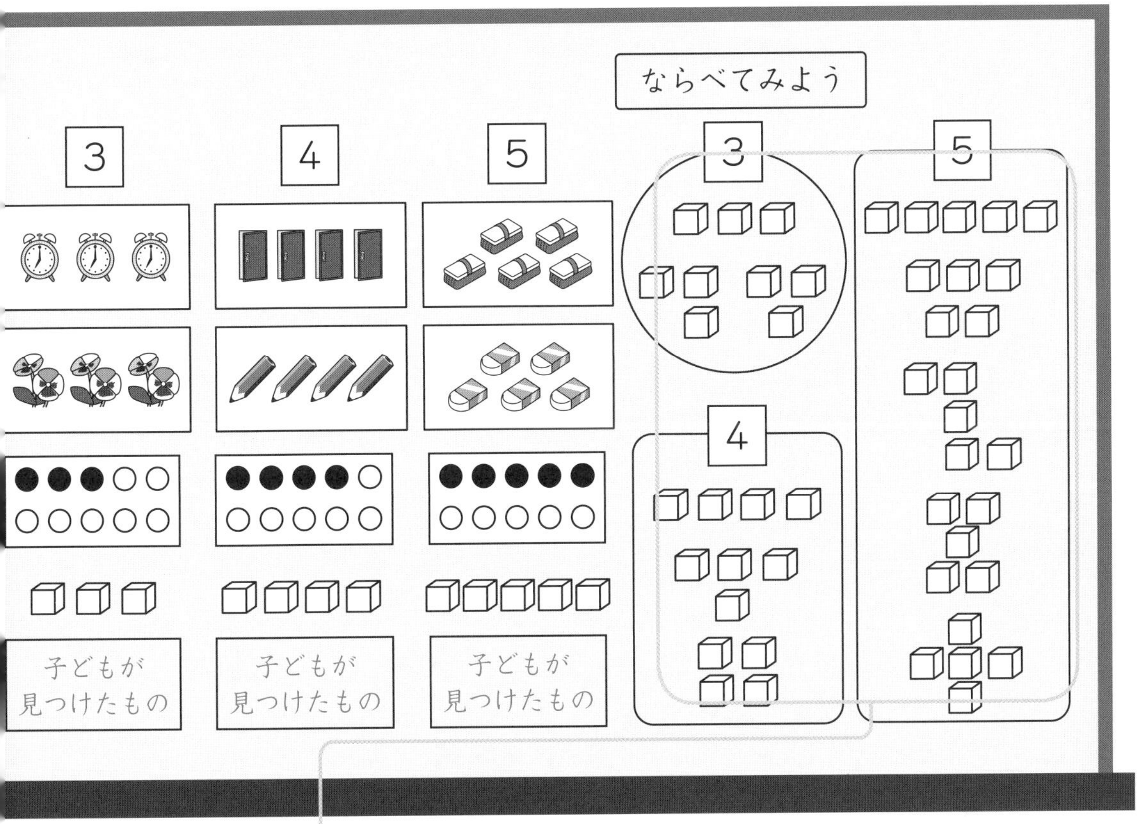

ならべてみよう

3　4　5　3　5

4

子どもが見つけたもの　子どもが見つけたもの　子どもが見つけたもの

3つのブロックの並べ方を確認した後，子どもから「4つも並べてみたい」「5つも並べてみたい」といった思いや願いを引き出したい。このような発言が聞かれたら，大いに称賛する。

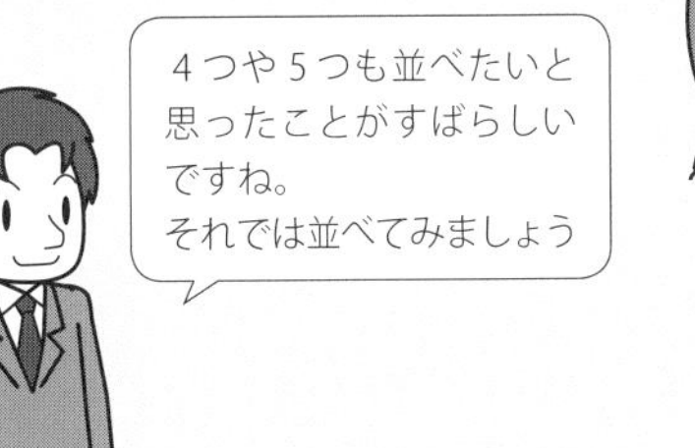

4つや5つも並べたい
4つや5つも並べたいと思ったことがすばらしいですね。
それでは並べてみましょう

4つの場合と5つの場合について，机上に並べたものを，カメラなどで記録し，全体で鑑賞する時間を設ける。

本時案

5はいくつといくつ

本時の目標

・5の構成を理解する。

おはじきとりげえむをしよう

4ぱたあんある

ちいさくなっていく

4	1
3	2
2	3
1	4

おおきくなっていく

授業の流れ

1 おはじきとりゲームをしましょう

隣同士で交互に行わせる。6個や7個取り出してしまうこともあるので緊張の面持ちで取り組むだろう。

取り出したおはじきの数が5個かどうか，また，2色のおはじきが取り出されているかを確認させながら活動させる。

2 おはじきの横に数字をかきましょう

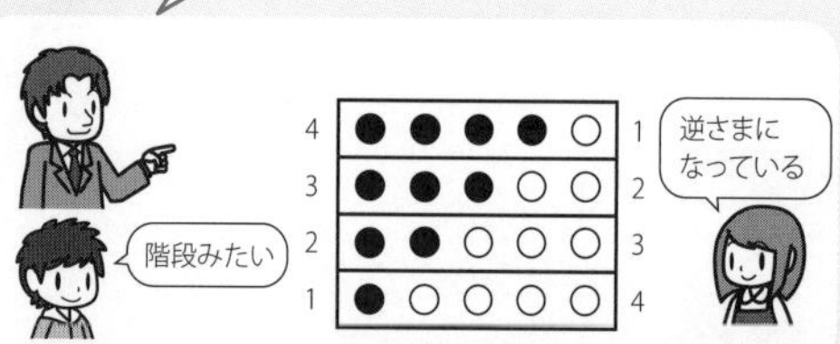

短冊におはじきの取り方を記録する。意図的に，数の大小の順序ではなく，バラバラに並べることで，子どもたちから「並べ変えたい」「小さい順からの方が分かりやすい」などの言葉を引き出していく。その後，おはじきの取り方を数字で表現させる。また，並び方を見て「階段」や「逆さま」などの見方が引き出されたら板書しておく。（引き出されなかった場合は「何に見えますか」等の発問をする。）

3 これで全部って，本当ですか

4 1
3 2
2 3
1 4
もう，これで全部なんじゃないかな
これで全部だよ。だってね…

おはじきを取り出すパターンが4パターンであることに気付いた子どもを見取り，1年生なりの根拠を基に，4パターンであることを共有し説明し合う場を設ける。また，一方が小さくなると，他方は大きくなるといった見方を価値付ける。

本時の評価

・5の構成が分かる。

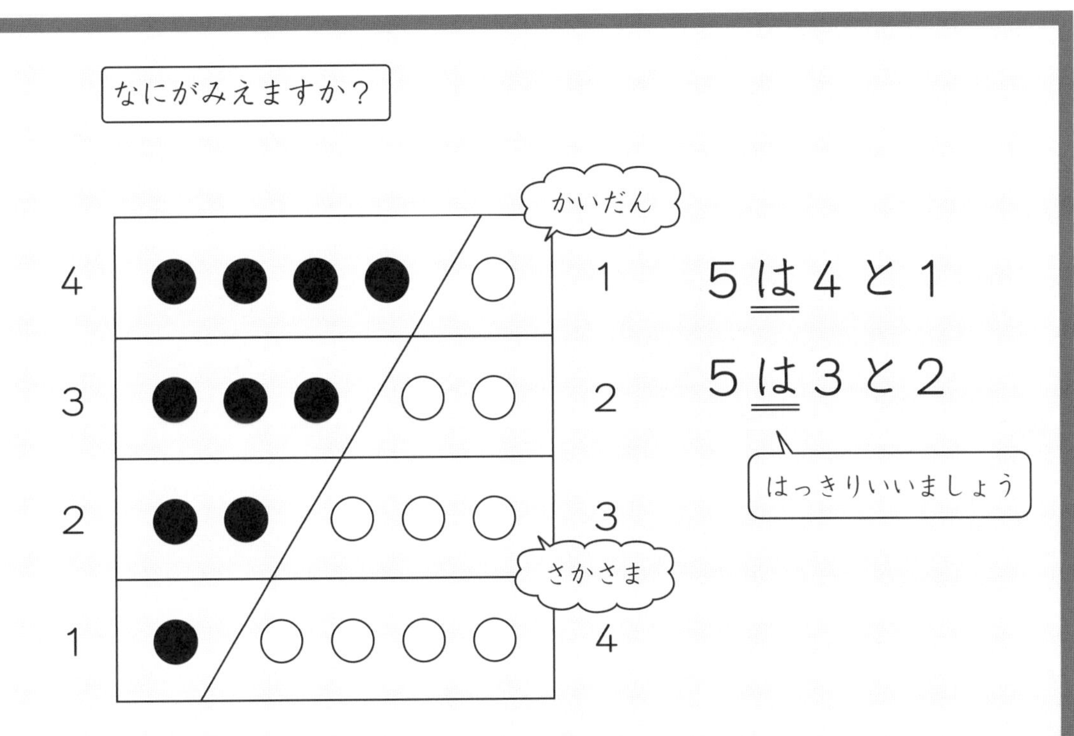

4 5はいくつといくつに分けられたか確認しましょう

5の構成を確認した後，隣同士で，「5は4といくつ？」などのゲームを行い，5の構成についての理解の定着を図る。

5 ペアを換えてゲームを行いましょう

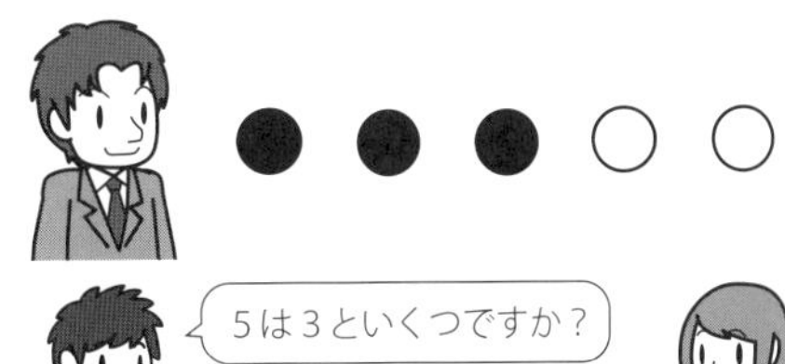

「5は」といった主語を言うことで，対象を意識する態度を育んでいくことも大切である。

本時案

おなじかずの なかまをさがそう

5/14

本時の目標

・6から10までの数について，数詞と数字が対応していることを知り，6から10個のものの数を数えたり，数字の書き方を理解したりする。

授業の流れ

1 動物たちは何をしているのでしょう

縄跳びをしています
一輪車に乗っています

拡大した絵を黒板に提示し，どんな場面の絵であるのかを自由に話し合わせる。

話の中で，「ありがたくさんいます」などと数に着目した発言を聞き取り，「どういうことかな」「どこを見てお話をしているのかな」と問い返し，数の概念を理解させていくきっかけをつくる。

2 このブロックと同じ数のものはどれですか（6を提示）

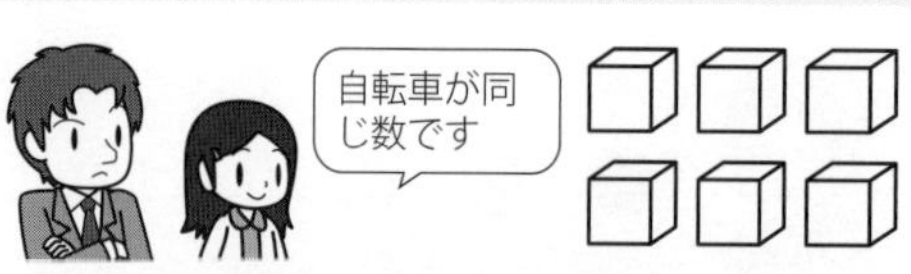
自転車が同じ数です

ブロックを6つ提示し，配布した絵の中から6という観点で，同じ数の集合を見つけさせる。

6個のブロックを出させ1対1対応で置かせたり，6の数図カードを出させたり，ノートに○を6個かかせたり，教室で6個のものを見つけさせたりなどし6という数のイメージをもたせる。

3 このブロックと同じ数のものはどれですか（7～10を提示）

ネコが7匹います

ウサギが8羽あります

ブロックを7から10の順に提示し，配布した絵の中から7，8，9，10という観点で，6と同様に，同じ数の集合を見つけさせる。ブロックで1対1対応をさせたり，数図カードを出させたり，ノートに○をかかせたり，教室から同じ数のものを探させたりし，数のイメージをもたせる。

本時の評価

・6から10個のものの数を数えたり，数字を書いたりすることができる。

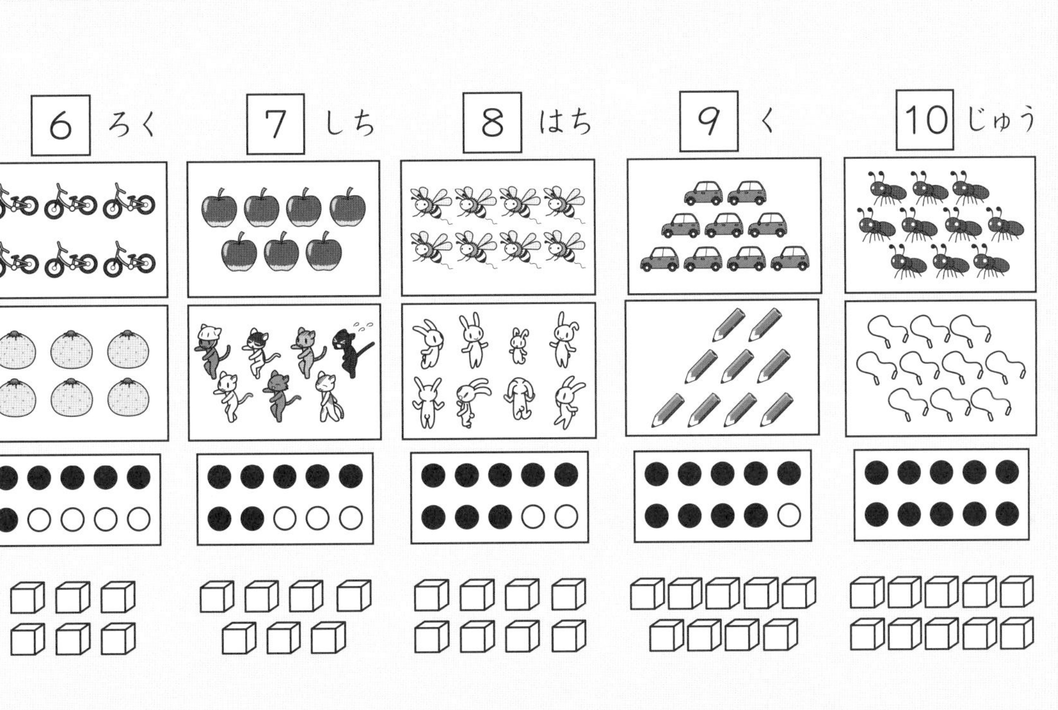

4 同じ数のものを集めましょう

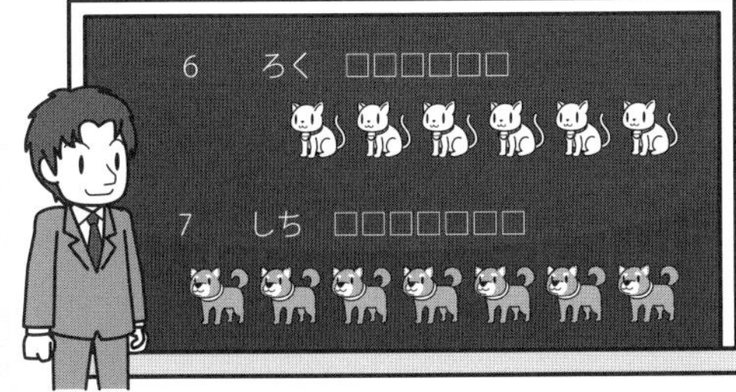

6（ろく），7（しち），8（はち），9（く），10（じゅう）の「読み方」「数字」「ブロック」「絵や図」を関連付けて黒板に整理する。

5 6から10の数字の書き方を練習しましょう

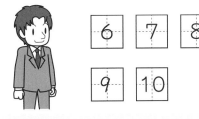

具体物がかかれた絵，数図カード，ブロック，教室から見つけたもの，など，より多くのものから，数詞，数字を対応させることを丁寧に行う。なお，7と9，10の書き順には気をつけさせる。

本時案

かぞえたりせんで むすんだりしよう

6/14

本時の目標

・6から10までの数について，具体物，半具体物，数図，数字，数詞を相互に関連付けて捉え，数の感覚を豊かにすることができる。

授業の流れ

1 いくつありますか

本当に？
6です
もっとゆっくり
見せて

6から10までの具体物がかかれた絵を，フラッシュカードとして1枚ずつ瞬間的に提示する。その後，それぞれの数について，以下の活動を設ける。

・数詞を言う
・その数と同じ数字カードを出させる
・その数と同じ数のブロックを出させる
・数字をかく

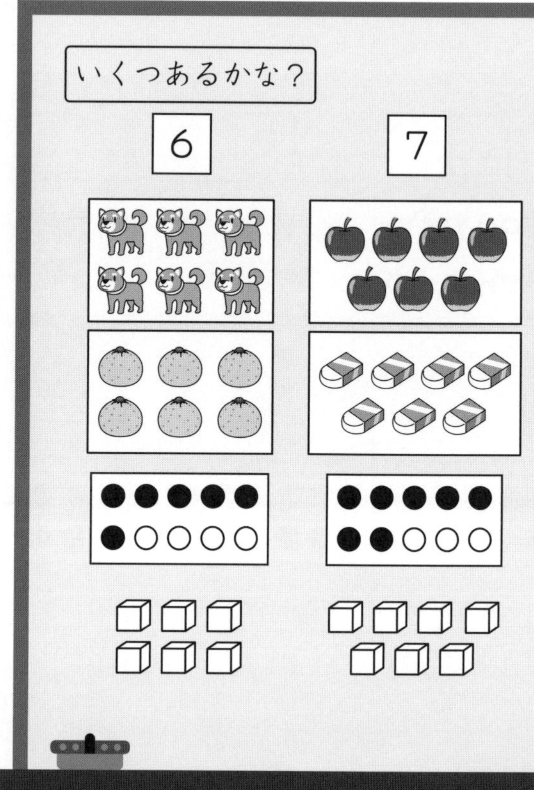
いくつあるかな？
6
7

2 同じ数だけ出しましょう

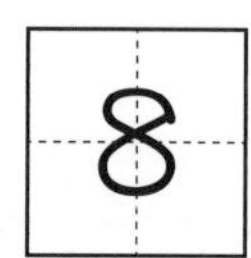
8

教師が6から10までの数字カードをランダムに提示する。その後，それぞれの数について，以下の活動を設ける。

・数詞を言う
・同じ数の数図カードを出させる
・同じ数だけブロックを出させる
・数字をかく

3 いくつ聞こえますか

ドン！
ドン！
忘れてしまいます
ブロックを使ってもいいですか
7つ

教師が6から10までの音を出し，叩くタイミングを変えたりなどすることで，数えにくい状況を意図的につくり，ブロックなどに置き換えるアイディアを引き出しながら，その音と同じ数だけのブロックを出させる。

本時の評価

・6から10までの数について，数の大きさが分かり，事象からその要素を捉え，数字や形で表すことができる。

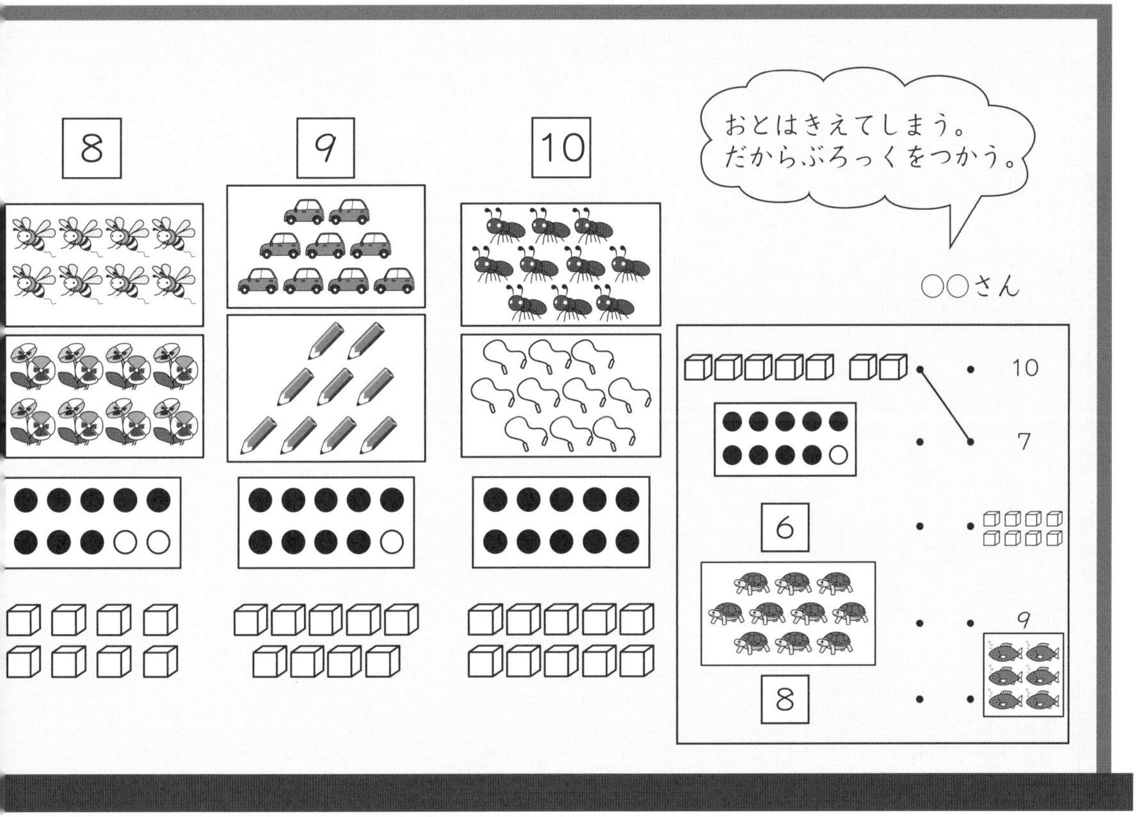

8　9　10

おとはきえてしまう。
だからぶろっくをつかう。

○○さん

10
7
6
9
8

プリントを何種類か用意しておく。その上で，子どもから「もっとやってみたい」や「間違っても次は正しくできるようになりたい」などの気持ちを大切に見取り，一人一人の習熟の時間を設ける。

「同じ数のものを探しましょう」として，子どもたちが身の回りから同じ数のものを探すという活動を設ける。

本時案

6 はいくつといくつ

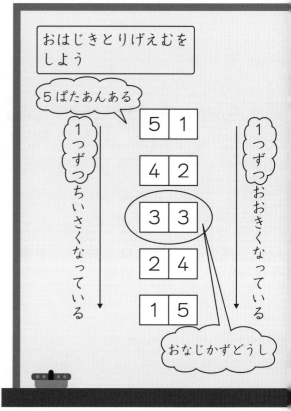

本時の目標

・6 の構成を理解する。

おはじきとりげえむをしよう

5 ぱたあんある

5	1
4	2
3	3
2	4
1	5

1 つずつちいさくなっている

1 つずつおおきくなっている

おなじかずどうし

授業の流れ

袋に赤のおはじきと青のおはじきが入っています。袋からおはじきを6個とり出します。必ず，両方の色のおはじきを取り出さなければアウトです

8 個取ってしまいました

赤のおはじきが取れなかった

赤 4 個と青 2 個だ

隣同士で交互に行わせる。7 個や 8 個取り出してしまうこともあるので緊張の面持ちで取り組むだろう。

取り出したおはじきの数が 6 個かどうか，また，2 色のおはじきが取り出されているかを確認させながら活動させる。（5 の場合と同じ活動とする）

2 おはじきの横に数字をかきましょう

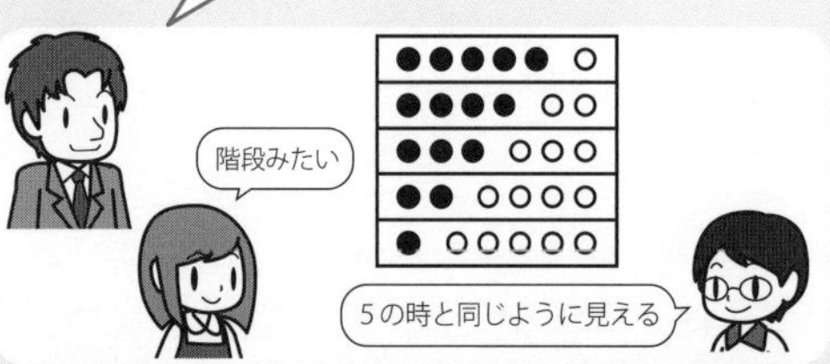

短冊におはじきの取り方を記録する。意図的に，数の大小の順序ではなく，バラバラに並べることで，子どもたちから「並べ変えたい」「小さい順からの方が分かりやすい」などの言葉を引き出していく。「3 と 3」と同じ数同士の場合を強調しておく。5 の場合と同様に数字をかいたり見えたことを共有したりする。

3 これで全部って，本当ですか

もう，これで全部なんじゃないかな
5のときと同じように説明できます
5のときはなかったけど，6は同じ数のときがあります

おはじきを取り出すパターンが 5 パターンであることに気付いた子どもを見取り，1 年生なりの根拠を基に説明し合う場を設ける。（5 の場合と同じように）また，5 の時との共通点や相違点に関する発言を価値付ける。

本時の評価

・6の構成が分かる。

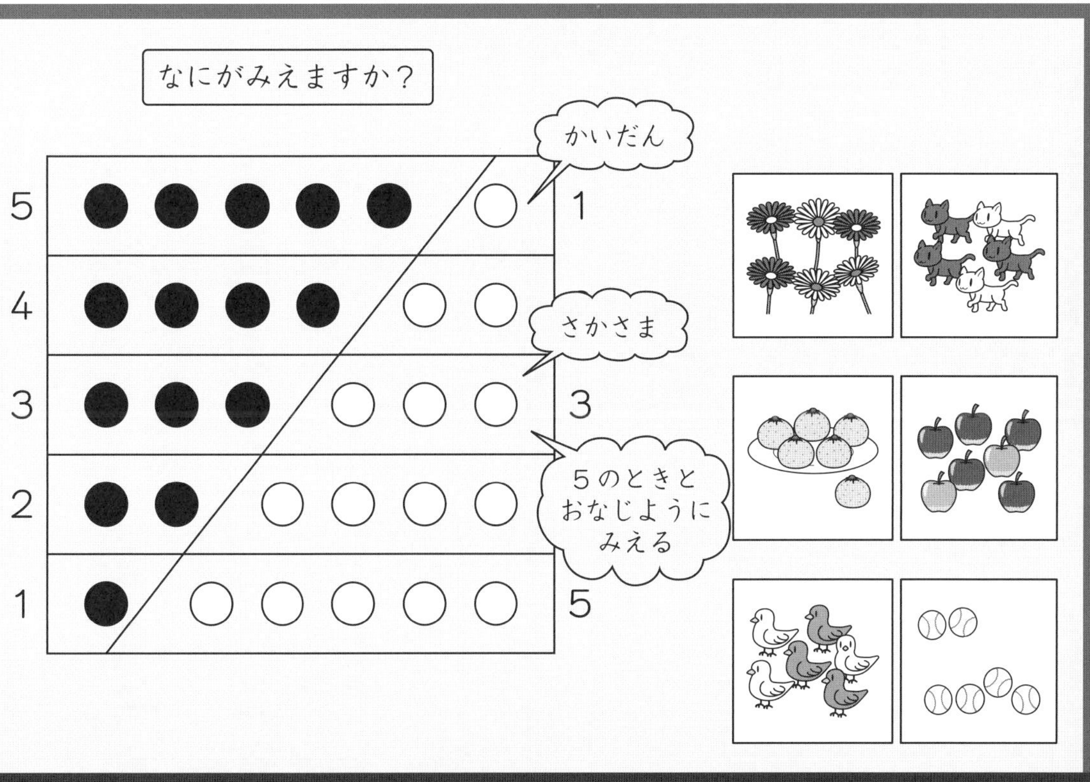

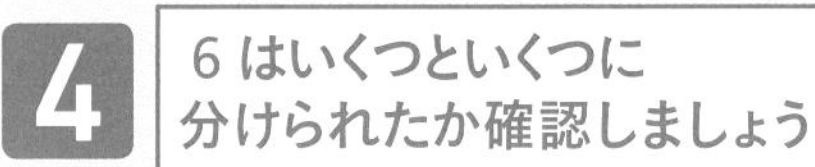

4 6はいくつといくつに分けられたか確認しましょう

6の構成を確認した後，隣同士で，「6は5といくつ？」などのゲームを行い，6の構成についての理解の定着を図る。

「6は」といった主語を言うことで，対象を意識する態度を育んでいく。

5 数えましょう

花を1つの集合として数える場合と，色別に数える場合など，観点を明確にして数える活動を設ける。その上で，「赤い花が3本，白い花が3本だから，花は6本です」や「花は6本です。赤い花が3本で，白い花が3本です」などのように表現させ，習熟を図る。

本時案

7はいくつといくつ

本時の目標

・7の構成を理解する。

授業の流れ

1 ブロックが7個あります。隠れているブロックは何個でしょうか

2個です。
どうしてですか
ブロックが5個
見えているからです

7個のブロックを提示し，いくつかを隠し，隠した数を当てるゼームを行う。

子どもたちにも，7個のブロックを出させて考えさせる。

かくれたぶろっくのかずは？

6ぱたあんある

1つずつちいさくなっている

6	1
5	2
4	3
3	4
2	5
1	6

1つずつおおきくなっている

2 かくれている数を当てるゲームをしましょう

いくつかくれているでしょう
4こです

ペアで，7個のブロック（おはじきでもよい）のうち幾つかを隠し，隠した数を当てるゲームを行うことで，7の構成についての習熟を図る。ペアを換えて何度か行う。

3 かくれている数はいくつでしょうか

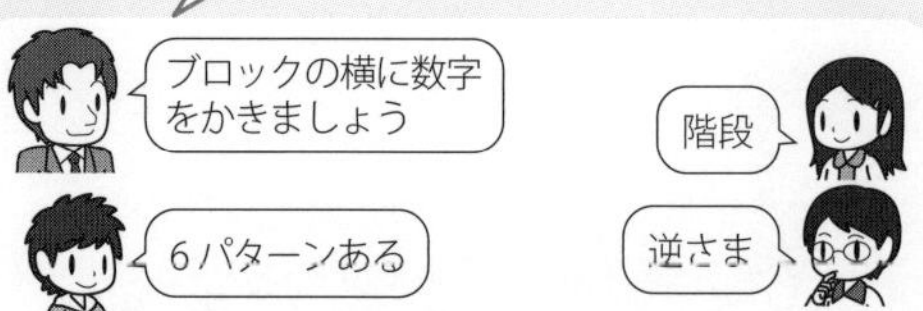

ブロックの横に数字をかきましょう
階段
6パターンある
逆さま

短冊にブロックの絵（おはじきでもよい）をかき，いくつかを隠しながら，その数を当てるゲームを全体で行う。5と6での活動と同じように，子どもたちは順序よく並べる。既習事項を想起する姿を価値付ける。「数字をかく」「見えたことを発表する」「6パターンであることを確認する」「1ずつ小さくなったり大きくなったりしている」ことなどを共有する。

本時の評価

・7の構成が分かる。

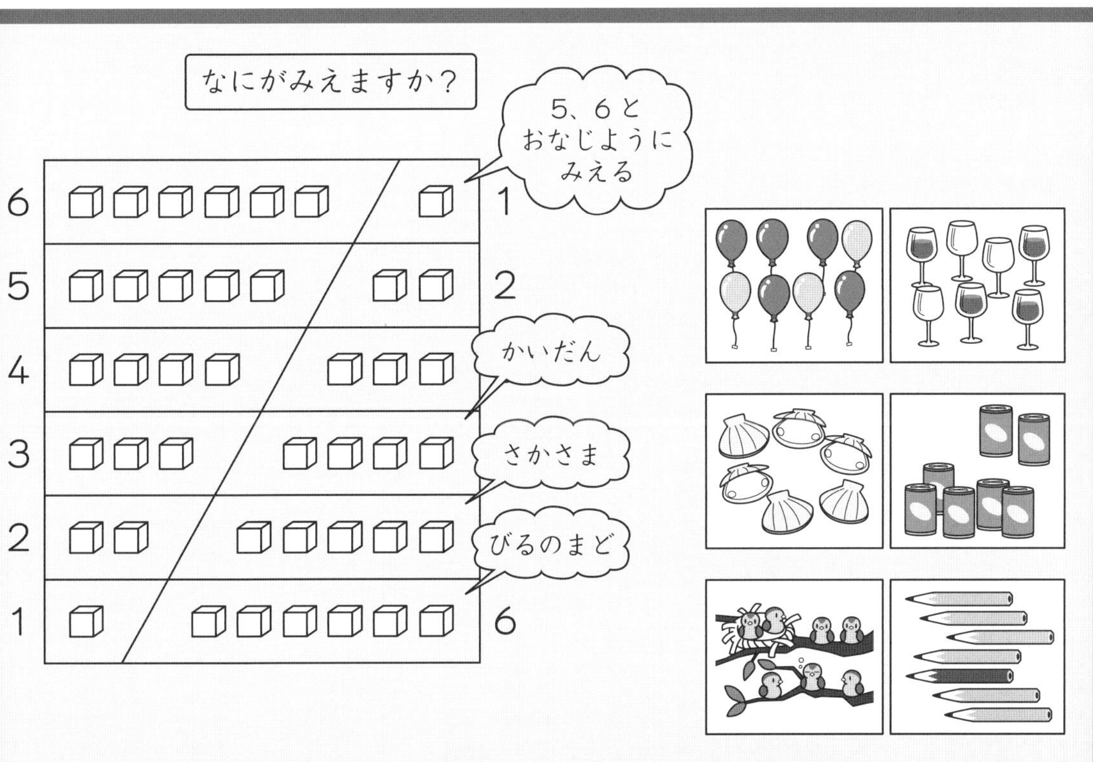

4
7はいくつといくつに分けられたか確認しましょう

7の構成を確認した後，隣同士で，「7は6といくつ？」などのゲームを行い，7の構成についての理解の定着を図る。

「7は」といった主語を言うことも定着しているか確認する。

5 数えましょう

鉛筆を1つの集合として数える場合と，色別に数える場合など，観点を明確にして数える活動を設ける。その上で，「青い鉛筆が2本，赤い鉛筆が5本だから，鉛筆は7本です」や「鉛筆は7本です。青い鉛筆が2本で，赤い鉛筆が5本です」などのように，表現させる。

本時案

8はいくつといくつ

本時の目標

・8の構成を理解する。

授業の流れ

1 8にするゲームをしましょう

1から7の数がかかれたカードをひっくり返し，2枚めくって8にするゲームであることを実際に行いながら理解させる。

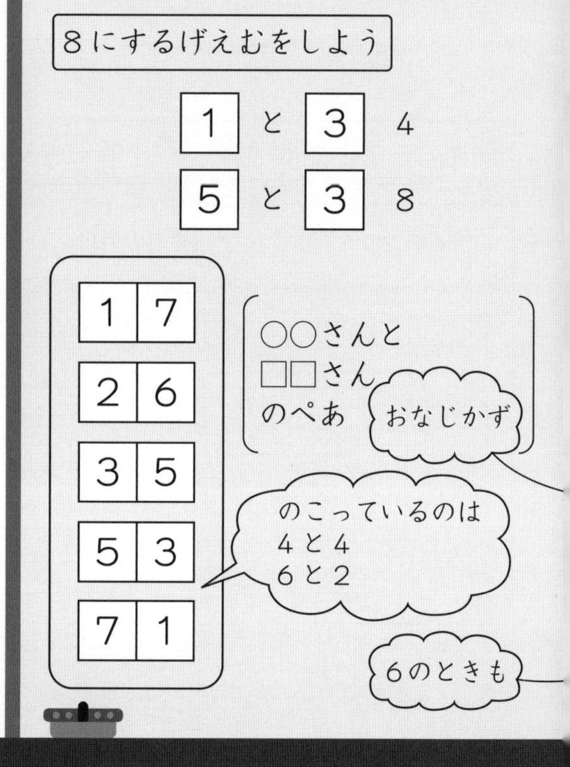

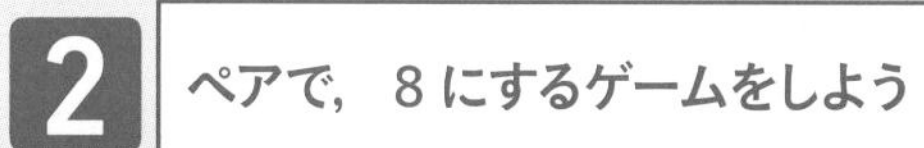

ペアで，8にするゲームを行う。カードの数が少なくなってくると，「残っているのは6と2」「4と4」などと，隠れている数を予想する姿が見られる。全体に紹介して，「どうしてそう思ったの」と問い返すことで，8の構成の習熟を図るとともに，論理的に説明する資質・能力を育む。

3 ブロックの数を数字でかきましょう

ブロックの横に数字カードを置きましょう
4と4で同じ数になっている
6のときも，3と3で同じ数のときがあった
6と8は仲間なのかな？

同じ活動をしているので，子どもたちも自信をもって発表をする。イメージが定着してきていることを見取る。また，「4と4」のように同じ数が現れる場合を6と結び付けて発言している子どもを価値付ける。

本時の評価

・8の構成が分かる。

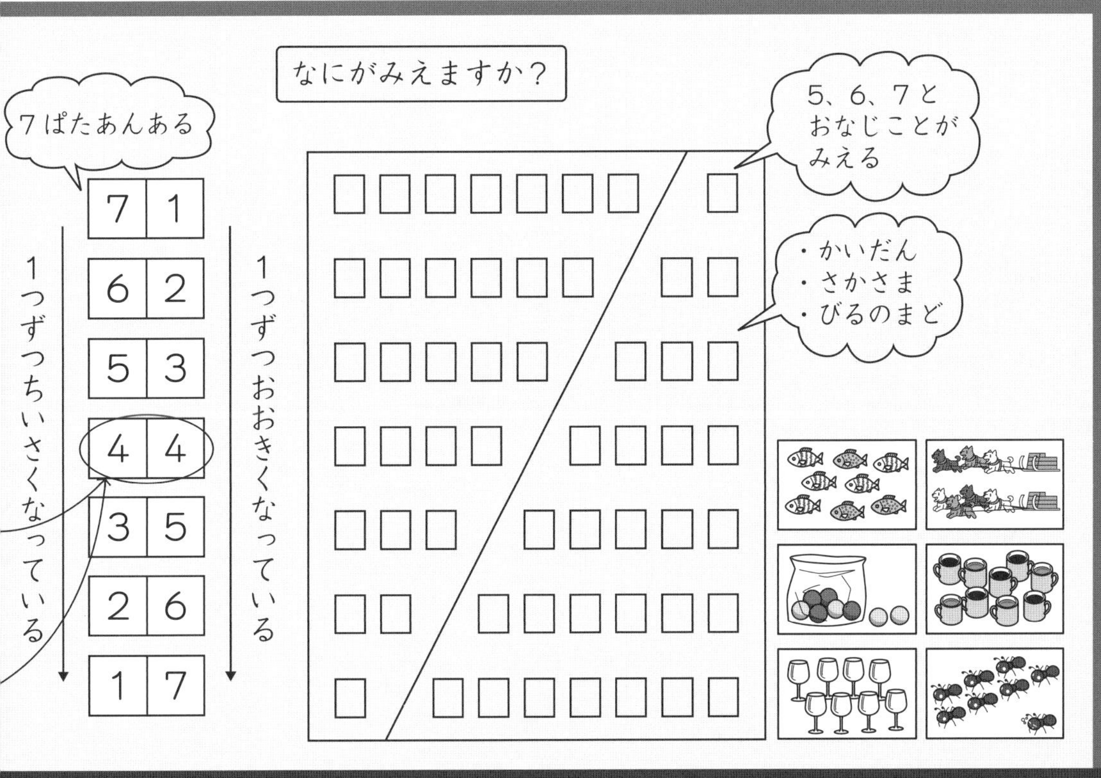

なにがみえますか？
7ぱたあんある
7 1
6 2
5 3
4 4
3 5
2 6
1 7
1つずつちいさくなっている
1つずつおおきくなっている
5、6、7とおなじことがみえる
・かいだん
・さかさま
・びるのまど

4
8はいくつといくつに分けられたか確認しましょう

「8は」とはっきり言えてすばらしいですね
8は6と2です
8は7と1です

8の構成を確認した後，隣同士で，「8は7といくつ？」などのゲームを行い，8の構成についての理解の定着を図る。

「8は」といった主語を言うことも定着していることを確認する。

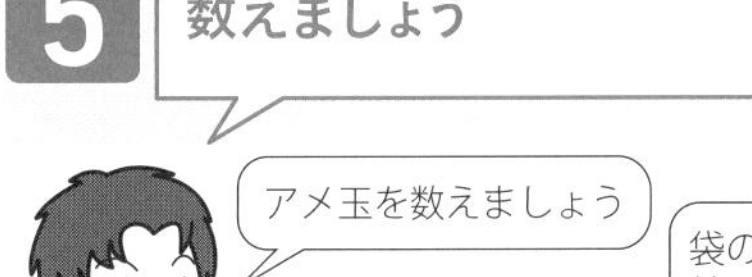

5
数えましょう

アメ玉を数えましょう
袋の中に6個，外に2個あります
魚は8匹です

1つの集合として数える場合と，色や状況に着目して数える場合を設ける。その上で，7までの活動と同様に，8の構成について，言葉で表現させるととも，時折，ブロックでの操作も交えながら，習熟を図るようにする。

本時案

9はいくつといくつ

本時の目標

・9の構成を理解する。

授業の流れ

1 9にするゲームをしましょう

カードには，1から8の数がかかれています。（2組用意する）このカードをひっくり返します。2枚めくって，9になったら2枚のカードがもらえます

1から8の数がかかれたカードをひっくり返し，2枚めくって9にするゲームであることを実際に行いながら理解させる。今まで学習した数の復習にもなっているので9にならなくても，「2と6で8です」などと言葉で表現させる。

9にするげえむをしよう

5 と 3　8

6 と 3　9

〔○○さんと□□さんのぺあ〕

8	1
6	3
4	5
3	6
2	7
1	8

のこっているのは？

7 2

5 4

2 ペアで，9にするゲームをしよう

ペアで，9にするゲームを行う。カードの数が少なくなってくると，「残っているのは5と4」「7と2」などと，隠れている数を予想する姿が見られる。全体に紹介して，「どうしてそう思ったの」と問い返すことで，9の構成の習熟とともに，論理的に説明する資質・能力を育む。

3 ブロックの数を数字でかきましょう

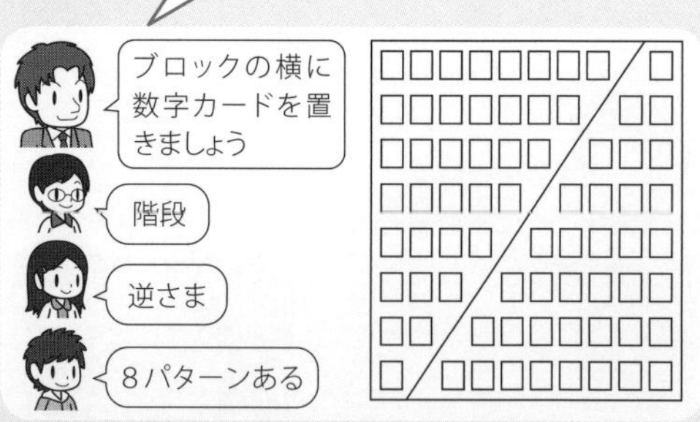

ブロックの横に数字カードを置きましょう
階段
逆さま
8パターンある

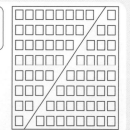

同じ活動をしているので，子どもたちも自信をもって発表をする。見つけたこと（1ずつ小さくなったり大きくなったりしていることやビルの窓に見えること等）を隣同士で説明し合う場を設け，表現力の育成とともに習熟を図る。

本時の評価

・9の構成が分かる。

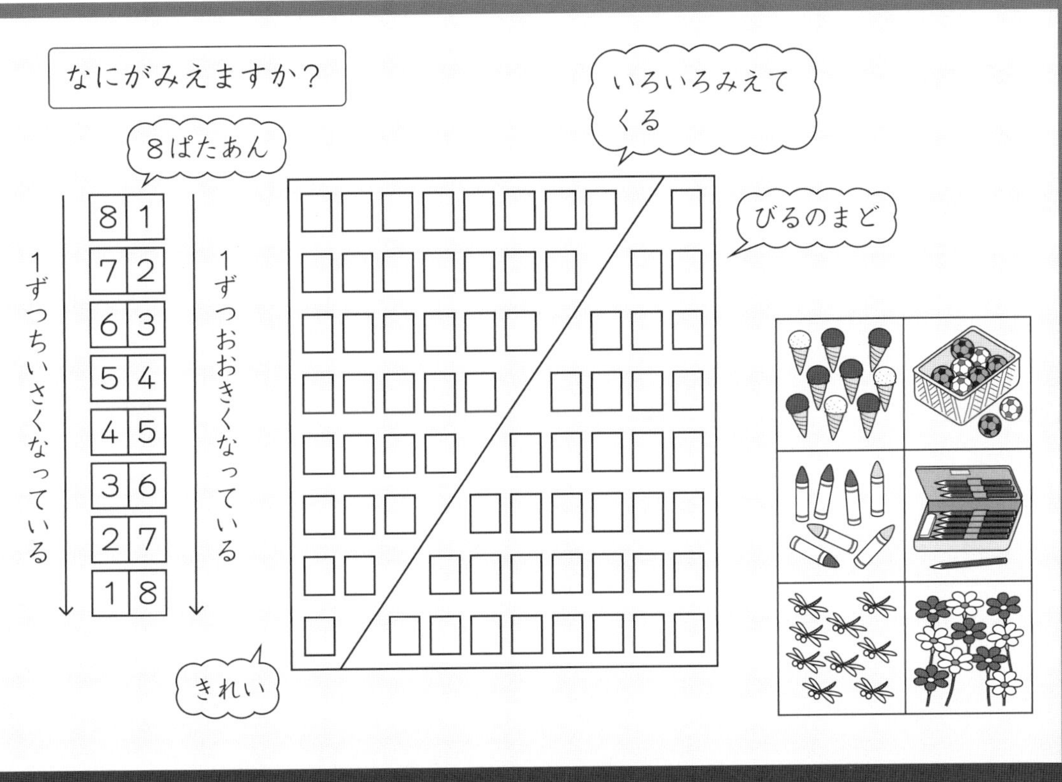
なにがみえますか？
8ぱたあん
8 1
7 2
6 3
5 4
4 5
3 6
2 7
1 8
1ずつちいさくなっている
1ずつおおきくなっている
いろいろみえてくる
びるのまど
きれい

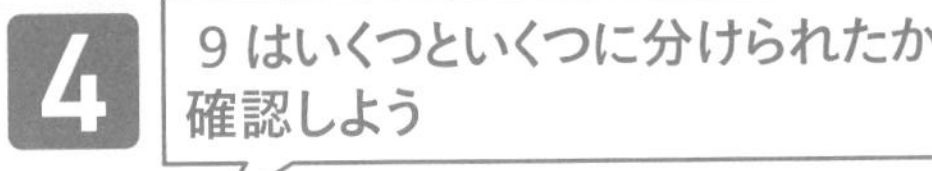

4 9はいくつといくつに分けられたか確認しよう

9は7と2です
9は8と1です

9の構成を確認した後，隣同士で，「9は4といくつ？」などのゲームを行い，9の構成についての理解の定着を図る。

「9は」といった主語を言うことも定着していることを確認する。

5 数えましょう

鉛筆を数えましょう
鉛筆は9本です

1つの集合として数える場合と，色や状況に着目して数える場合を設ける。その上で，これまでの活動と同様に，9の構成について，言葉で表現させるととも，時折，ブロックでの操作も交えることで，習熟を図るようにする。

本時案

10はいくつといくつ

本時の目標

・10の構成を理解する。

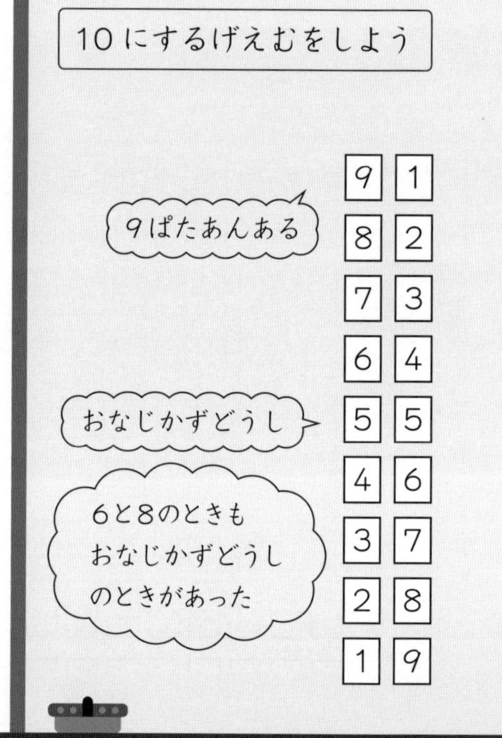

授業の流れ

1 10にするゲームをしましょう

先生がブロックを7つ出しました。あといくつ出せば、10になるでしょうか
3つです

子どもたちにもブロック10個を出させ，あといくつで10になるかを当てるゲームを何度か行う。子どもたち1人1人が考え，判断する時間を確保する。

2 ペアで，10にするゲームをしましょう

ブロックが7個出ているから……

ペアで，10にするゲームを行う。まず，1人がいくつかのブロックを出し，もう1人があといくつで10になるかを当てるゲームを何度か繰り返す。ペアを換えて活動を行うことも，子ども同士のつながりを深める上で有効である。

3 ブロックの数を数字でかきましょう

ブロックの横に数字カードを置きましょう

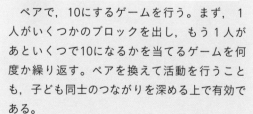

数字カードやブロック図を見て，気付いたことを発表させる。今までの学習との関連を大切にした学習となるよう子どもの発言を丁寧に価値付ける。

なお，「1人3つは見つけましょう」などと指示をすることで，集中力を高めることも考えられる。

本時の評価

・10の構成が分かる。

なにがみえますか？
3つみつけましょう？
かぞえましょう

4 10はいくつといくつに分けられたか確認しましょう

10は9と1です
10は8と2です

10の構成を確認した後，隣同士で，「10は4といくつ？」などのゲームを行い，10の構成についての理解の定着を図る。これまでと同様に，主語をはっきりと言わせるようにする。

5 数えましょう

おにぎりを数えましょう
おにぎりは9個です

１つの集合として数える場合と，色や状況に着目して数える場合を設ける。その上で，これまでの活動と同様に，数の構成について，言葉で表現させるととも，時折，ブロックでの操作も交えながら，習熟を図るようにする。

本時案

10をつくろう

本時の目標

・10の構成を確実に理解する。

授業の流れ

1 10はいくつといくつかを復習しましょう

10はいくつといくつになりますか
10は9と1
10は8と2

前時の復習として，10はいくつといくつになるかを確認する。まずは全体で確認し，その後１人１人にノートに書かせる。「９と１」「８と２」…のように，順序よくかけるかどうかも見取り，全体でも確認をする。

10はいくつといくつ？

10づくりげえむをしましょう

9	1
8	2
7	3
6	4
5	5

4	6
3	7
2	8
1	9

2 あといくつで10になるかを確認しましょう

あといくつで10になりますか（数字カードを提示する。例えば「６」）

4です

子どもたちに数字カードを用意させる。そして，教師が１枚の数字カードを提示し，「あといくつで10になるかな」と問う。

数字カードを教師に見えるように出させたり，ノートに書かせたりしながら習熟を図る。

3 10づくりゲームをしましょう

10づくりゲームをしましょう

10ができたらカードを２枚もらえます

２人組をつくり，数字カードで「神経衰弱」のような「10づくりゲーム」を行う。裏返した数字カードから２枚選び，合わせて10になったらカードを取ることができる。ペアを換えながら繰り返し行い，「４と６で10」のように言葉にしながら，習熟を図る。

本時の評価

・10の構成が確実に分かる。

10がつくれるかな？

7	1	5	3	9
1	3	7	8	4
5	2	4	7	1
4	6	8	9	3
8	5	6	2	7

1	4	6	2	7
4	8	2	5	9
5	9	7	1	3
8	1	3	6	5
6	2	9	3	4

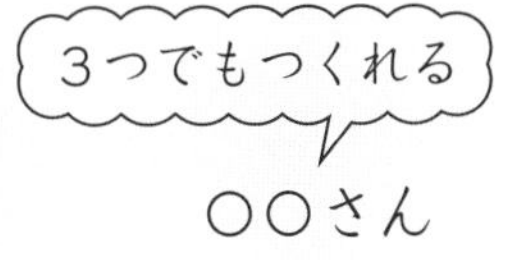

○○さん

・8と1と1
・7と2と1

○○さん

4 10がつくれるでしょうか

2つの数で 10 をつくります。たて，よこ，ななめで見つけて，線で囲みましょう

5と5

4と6

1から9の数字が複数，かつ，ランダムに書かれた用紙を配布し，2つの数で10をつくるゲームをする。各自に取り組ませた後，全体で交流する場を設ける。

5 ○○さんが言ったように3つの数で10をつくってみましょう

10をつくる活動の途中で「3つでもつくることができる」などのつぶやきが聞こえてきた場合は，子どもの実態に応じながらも，大いに称賛し，その見方・考え方のすばらしさを全体に紹介しながら取り組ませることも考えられる。その後，「4つでも」「5つでも」と続いた場合には，その態度は価値付けつつ，授業に取り上げるかは実態等に応じて判断する。

本時案

おおきさをくらべよう

13/14

本時の目標

・1から10の数について，大小を比較することができ，その系列を理解する。

授業の流れ

1 どちらが多いでしょうか

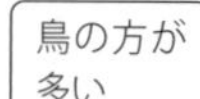
もっとゆっくり見せて
鳥の方が多い

1から10までの学習で用いてきたフラッシュカードを利用する。まず，復習を兼ねていくつあるか問う。その後，2枚の絵カードやブロックのカードを見せて，大小比較を行う。その際，「○は□より多い」「□は○より少ない」と表現することを押さえる。

どちらがおおいかな？

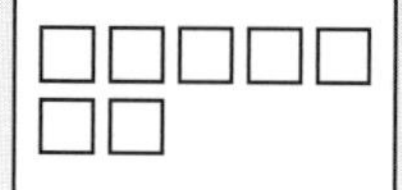
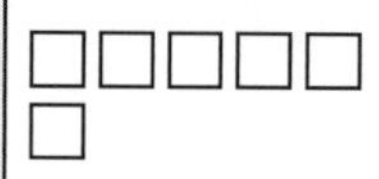
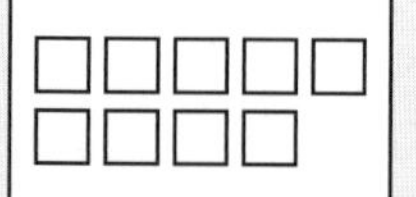

2 「どちらが大きいかなゲーム」をしましょう

先生のカードは7です
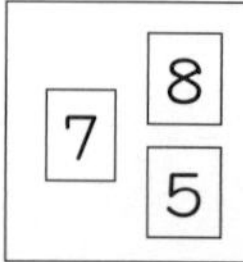
7
8
5

8だから先生に勝ちました
5だから負けました

教師対子どもで勝負する。裏返しにしてある数字カードを教師と同時に表にして出し，教師より大きい数を出したら勝ちとする。勝ったら，ブロックを机の上に1つ置くことにする。何回勝ったかは，ブロックの数でわかる。

3 「どちらが大きいかなゲーム」をしましょう

2人組をつくり，1から10までの数字カードを裏返して積む。2人で同時に1枚ずつ選んだカードの大小比較を行い，勝った方がブロックを1つ置く。ブロックの数で勝敗を決める。選んだ数を机に並べておけば，自分の残りの数と相手の残りの数を論理的に予想する活動も設けられる。

本時の評価

・１から10の数について，大小を比較することができる。
・１から10の数について，系列を理解する。

どちらがおおきいかな？

せんせい	みんな
4	7
8	3
2	9
1	5
9	2
7	10
２かいかった	４かいかった

あいているところは
どんなかずかな？

1－□－3－□－5－6－□

－2－3－4－□－6－□－8

－4－5－□－□－8－□－10

4 「どんな数かな」ゲームをしましょう

空いている場所はどんな数でしょうか

2です
4です

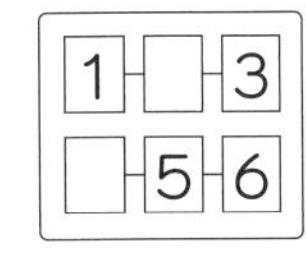
1
3
5
6

１から10の数の系列で，途中の数が抜けているものを提示する。抜けている数を児童に考えさせ，数字カードを出させたり，ノートに書かせたりすることで数の系列の理解を図る。

次に，２や４などから始まる数の系列についても同様な活動を行う。

5 続きの数をかきましょう

１からはじめます。
続きの数をかきましょう

「１から始めます。続きの数を書きましょう」「４から始めます。続きの数を書きましょう」と指示をし，ノートに書かせて習熟を図る。

本時案

0というかず

本時の目標

・１つもないことを０と表すことを理解する。
・10までの数の系列を理解する。

授業の流れ

1 おはじきとりゲームをしましょう

じゃんけんをして，グーで勝ったら１個，チョキで勝ったら２個，パーで勝ったら３個取ることができます

おはじきがなくなりました

１つもない，なくなったことを表すのに「０（れい）」という数を使います

おはじき取りゲームのルールを理解させる。教師対子どもで一度ゲームをして見せる。その後，ペアでゲームを行う。取ったおはじきは，机の上に並べて置く。最終的に，どちらが勝ったのかを判断させる。おはじきが無くなった，つまり「何も無い」ことを表す数として０（れい）を知らせ，書く練習をする。

おはじきとりげえむをしよう

ぐー１こ　ちょき２こ
ぱー３こ

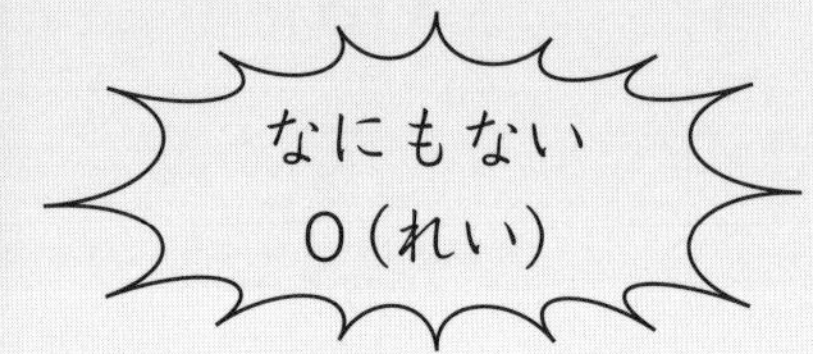

2 絵を見てお話をつくりましょう

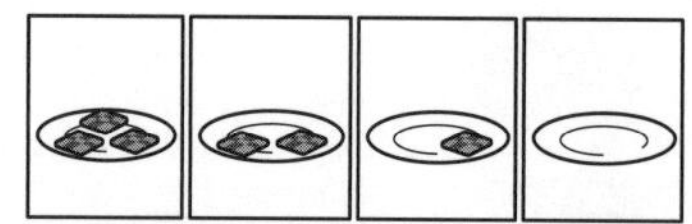

イチゴが３個ありました。熊が１つずつ食べ，最後には全部食べてイチゴが無くなりました

犬は3個，ウサギは２個入りました。猫は1つも入りませんでした

時系列では無い絵と時系列の絵を順次見せ，それぞれについてお話をつくる場面を設ける。

０（れい）についての表現を丁寧に聞き取り，全体で確認をする。

3 ０（れい）という数が現れる場面のお話をつくりましょう

０（れい）という数が現れる場面のお話を考え，ペアで表現させる。最終的に０（れい）になるお話だけでは無く，途中に０（れい）が現れるお話など，子どもが０（れい）という数について理解できているかを見取りながら，お話をつくらせ，いくつかを全体で共有する。実態に応じて，お話をノートにかかせることも考えられる。（絵と文章など）

本時の評価

・０の意味がわかる。
・０から10の数について，系列を理解する。

おはなしをつくりましょう

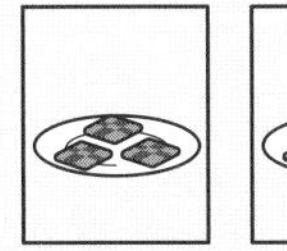
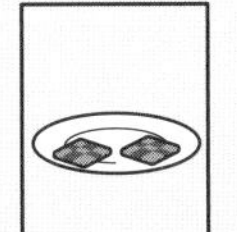
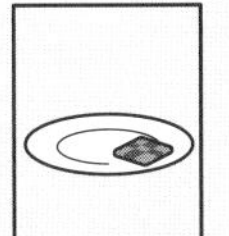
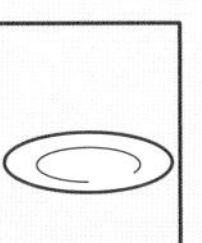

０（れい）というかずをかならずつかいましょう

10までのかずをいったりかいたりしよう

4 10までの数を言ったり書いたりしましょう

10までの数で，小さい順から2つずつ言いましょう。そして，ノートに書きましょう
10までの数を大きい順から全部言いましょう。そして，ノートに書きましょう

10までの数を小さい順や大きい順から言わせたり，書かせたりする。また，２ずつや３つずつ順番に言わせたり，書かせたりすることで習熟を図る。

5 続きの数をかきましょう

最初の数は0です。
続きの数を3つかきましょう

「０」と言ったら，続きの数を３つ言ったり４より小さい数を全部かくといったゲームを，書く活動も随時取り入れながら繰り返し行うことで０から10までの数の習熟を図る。

資料1

第1時の図1

第1時の図2

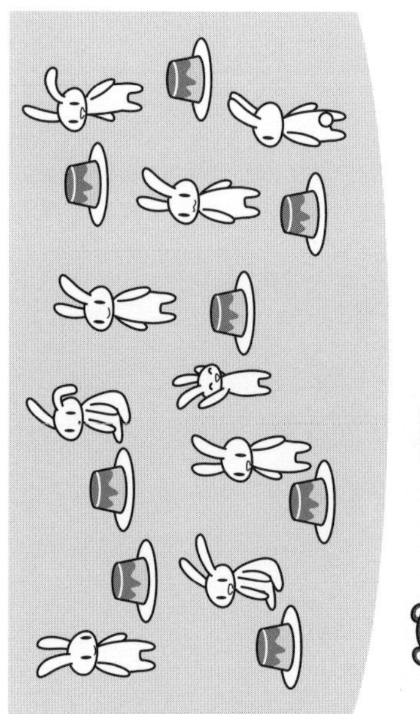

資料2

第2時の図2

2 なんばんめ　2時間扱い

単元の目標

・順序数と集合数のちがいや数を用いた順序の表し方を理解し，位置や順番を，数を用いて正しく表す方法を考える力を養うとともに，日常生活で進んで活用しようとする態度を養う。

評価規準

知識・技能	①数を用いた順序や位置の表し方や順序数と集合数のちがいを理解し，数を用いて順序や位置を表すことができる。
思考・判断・表現	②数を順序や位置を表すものとしてみて，前後・左右・上下のような基準に着目して順序や位置を考え，数を用いて順序や位置を表現している。
主体的に学習に取り組む態度	③数を用いて順序や位置を考えた過程や結果を振り返り，日常生活の事象から順序数を用いている場面を探したり，そのよさや楽しさを感じたりしながら学ぼうとしている。

指導計画　全2時間

次	時	主な学習活動
第1次 順序数	1	ゲームを通して，ものの順番や位置を数で表す。
	2	順序数と集合数のちがいを理解する。

単元の基礎・基本と見方・考え方

⑴集合数と順序数

子どもたちが生活の中で使っている数には２種類の数がある。

１つ目は集合数である。集合数は，「５人の子どもが並んでいます」のように，集まりの要素の個数を表す数である。集合数が表している「ご」は，集まりの要素の全体の個数を指している。

もう１つは順序数である。順序数は，「前から５番目の子どもは男の子です」というように，順序や位置を表す数である。順序数が表している「ご」は，最後の１人だけ，つまり５番目の人だけを指している。

１年生の子どもたちは，これらの数を使い分けているというよりは，無意識で集合数も順序数も使っている。数概念を育てていくためにも，１年生の段階で，集合数と順序数のちがいを明確にしておくことは大切である。

⑵順序と位置

順序数は，簡単に言うと順番を表す数である。だが，実は対象とするものの位置を表す数でもある。子どもたちが数学と出合うと座標の学習をする。順序数の学習は，この座標の考え方にもつながっていく。空間認識という点で考えると，その基礎となる学習と言えるのである。

そのことも考えた上で，前後・左右・上下のような基準を基にして，ものの位置を表す活動もこの単元の学習に取り入れていき，順序数を用いる意味を子どもたちに理解させるとともに，位置の表し方として数を使うことのよさについても実感できるようにすることが大切である。

⑶順序数と基準

順序数を扱うときには，「右から３番目」「前から７番目」というように表現する。このとき，数え始める基準が必ず存在する。その基準がどこなのかを子どもたちと確認することが大切である。その上で，数える対象に「いち，に，さん，し…」という数詞を順番に対応させていき，ものの順番を表していく。

また，下のように，数え始めの基準が左からのときと右からのときでは，同じ対象でも表現が変わることも子どもたちと考えていきたい。

（左から4番目）	（右から7番目）
○○○●○○○○○○	○○○●○○○○○○

また，２時間目のように，基準を「上」「下」「右」「左」に変えると，同じ動物の位置もちがう表し方になることをしっかりと学ばせていきたい。

本時案

○○さんはどこにいるかな？

本時の目標

・動物がどこにいるのかあてるゲームを通して，「前から○番目」のような順序数を表す表現の仕方を理解することができる。

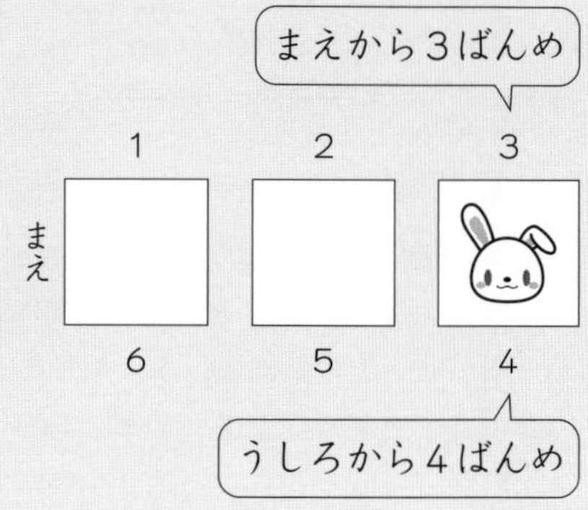

そのまま動物の絵を提示するよりも動物の絵をかくすことで，子どもたちはこのゲームを楽しむことができる。

授業の流れ

1 動物あてゲームをしよう

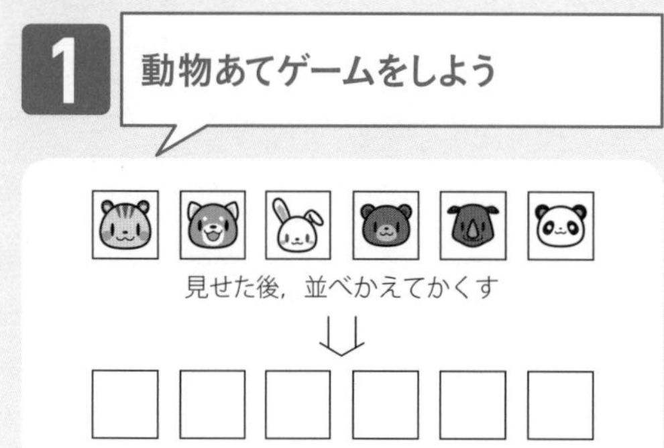

見せた後，並べかえてかくす

りす，犬，うさぎ，くま，さい，パンダの6種類の動物の絵を黒板に提示する。そして，「今からこの動物をかくすよ。先生があとからたずねる動物がどこにかくれているかあてるゲームをしよう」と言い，子どもたちが目をつぶっている間に動物の順序を並べ替え，動物の絵を裏返します。

2 うさぎさんはどこにかくれているかな

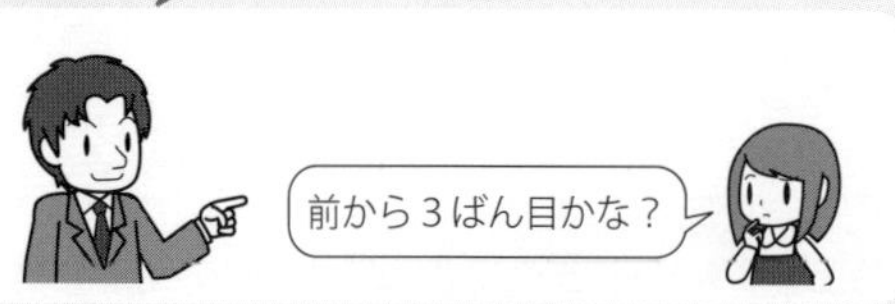

前から3ばん目かな？

子どもたちにはうさぎは見えていない。前に出て指で「これだと思う」とさせては意味がない。ここで大切にしたいのは，子どもの言葉を引き出すということである。ここで引き出したい言葉は，「前から3番目」のように「○番目」という順序を表す表現である。

3 前から3番目はどれかな

ある子どもが発言した「前から3番目」はどこを表しているのかを全員で考え，共有する。そうすることで，順序数による順序の表し方を理解できるようにする。

その後，紙を裏返し，あたりかはずれかを確認する。うさぎの場所があたりのときには，ちがう動物がどこにかくれているかを尋ねる。はずれたときには，うさぎはどこにかくれているかをさらに尋ねていく。

本時の評価

・並んでいる動物の位置を「前から３番目」のように，順序を表す表現を使って言うことができる。

準備物

・動物の絵
（表…動物の絵，裏…何もない）

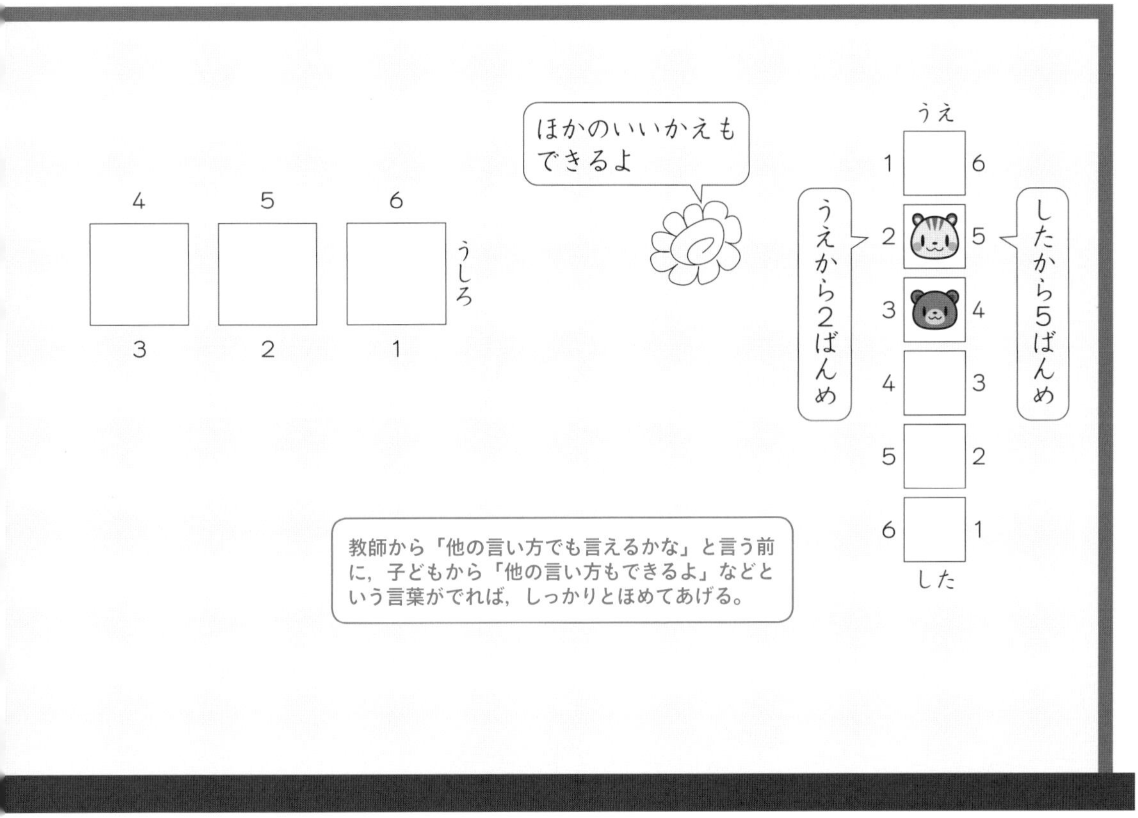

4　5　6
3　2　1
うしろ

ほかのいいかえもできるよ

うえ
1 6
2 5
3 4
4 3
5 2
6 1
した

うえから2ばんめ

したから5ばんめ

教師から「他の言い方でも言えるかな」と言う前に，子どもから「他の言い方もできるよ」などという言葉がでれば，しっかりとほめてあげる。

4 他の言い方でも言えるかな

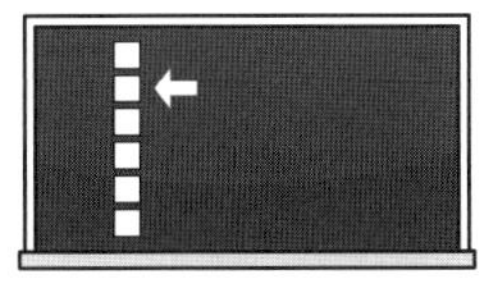

上から２ばん目と下から５ばん目は同じだよ

並び方を縦に変えて，同じように動物をかくして，「りすさんはどこにかくれているかな」と問う。「上から２番目だと思う」と子どもが言えば，「上から２番目を，他の言い方でも言えるかな」と問い，上から２番目と下から５番目が同じだということを確かめる。

まとめ

動物の絵をかくすことで，子どもたちにはうさぎは見えなくなる。見えていないので，子どもたちは「どこにうさぎがいるのかな」とドキドキしながらゲームを楽しむことができる。しかし，この授業で大切なことは「前から○番目」という子どもの言葉を引き出すことである。「後ろから○番目」「上から○番目」「下から○番目」などの言葉を子どもから引き出し，しっかりと板書していく。

本時案

なまえあて
ゲームをしよう

本時の目標

・名前あてゲームをすることを通して，順序数と集合数のちがいに着目し，それぞれの意味について理解することができる。
・上下，左右に関わる順序の表し方を理解する。

授業の流れ

1 名前あてゲームをしよう

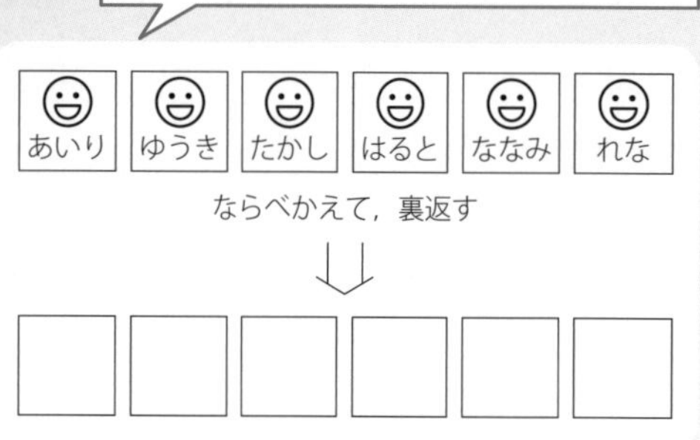

あいり，ゆうき，たかし，はると，ななみ，れなの絵を子どもたちに見せて，「名前あてゲームをするよ」と言い，子どもたちが目をつぶっている間に６人の順序を入れ替え，紙を裏返す。ここまでは第１時と同じだが，「前から３人の名前をあてましょう」と，発問を変える。

なまえあてゲーム

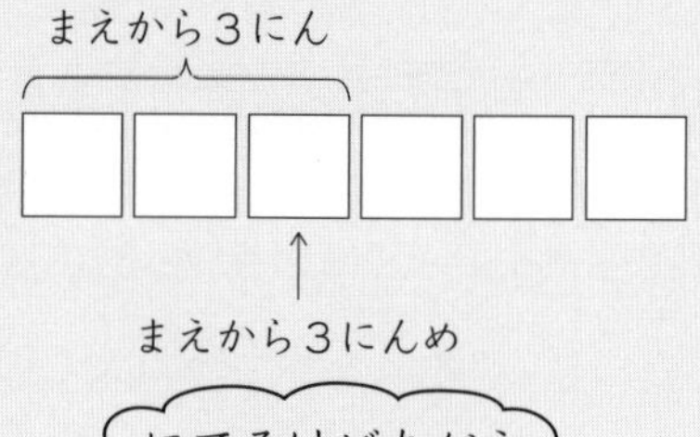

にてるけどちがう

絵をかくすことで子どもたちとゲームを楽しむことができる。「３こ全部あてるの？」のような言葉が出れば板書する。

2 前の時間とちがうのかな？

前から３人ってどういうこと

前の時間とちがうの？

子どもたちから「前から３人って，どういうこと？」「前から３人って，３人全員ですか？」などの言葉が出てくることが考えられる。このとき「前の時間とちがうのかな？」と言い，「前から３人目」と「前から３人」の意味のちがいを考えさせる。

3 じゃあ次は後ろから２人をあてよう

子どもがあてたところだけ見せる。全部あたるまでゲームを楽しむ。３人全員あたれば，絵の並びを変え「じゃあ次は後ろから２人をあてよう」や「前から４人目は？」などと言い，順序数と集合数のちがいを判断できるようにゲームを構成する。

本時の評価

・「前から３番目」「前から３人」のように，順序を表す表現と集合を表す表現のちがいについて理解することができる。
・上下，左右に関わる順序の表し方を表現することができる。

準備物

・表…名前付きの人の絵
　裏…何もない　紙
・動物の絵①

「問題を作ってくれる人？」と言い，子どもたちにも問題を作らせて，みんなでその問題をするのもよい。

4 ～の動物は何かな？

授業の後半，順序数のまとめとして，黒板に動物の絵（①）を貼り，子どもたちに「上から２番目，左から４番目の動物は何かな？」という順序数を問う問題を出す。子どもに問題を作らせてもよい。

場合によっては，「後ろから２列目にいる動物は何かな？」のように，「～目」という表現があるが集合数を表している問題を出してもよい。

まとめ

前時では，「前から３番目」などの順序数を扱ったが，本時では「前から３人」のような集合数を扱う。順序を表している言葉と集合を表している言葉について，順序を表している数なのか，集合を表している数なのか，その意味のちがいを子どもたちとしっかり確認するようにする。

ゲームの途中で「じゃあ次は後ろから○人」のように，子どもたちが問題を作る場面を入れていきたい。

3 たしざん(1)　8時間扱い

単元の目標

・加法が用いられる場面について理解し，和が10以下のたし算を計算したり，問題を作ったりすることができる。

評価規準

知識・技能	①加法の意味について理解し，式に表したり，計算したりすることができる。
思考・判断・表現	②合併と増加の場面の違いに気づくことができる。 ③合併と増加の場面の違いに気をつけながら，問題を作ることができる。
主体的に学習に取り組む態度	④合併と増加の場面の絵を見ながら進んで話をすることができる。 ⑤進んで問題に合う絵をかいたり，問題をつくったりすることができる。

指導計画　全8時間

次	時	主な学習活動
第1次 「あわせていくつ」 (合併)	1	合併の場面を，絵を見ながら話し，ブロック操作をしながら答えを求める。
	2	合併の場面の話に合う絵をかく。(合併の場面の習熟)
第2次 「ふえるといくつ」(増加)	3	増加の場面を，絵を見ながら話し，ブロック操作をしながら答えを求める。
	4	同じ式になる合併の場面の絵と増加の場面の絵を比べて，その違いを見つける。
	5	合併の場面や増加の場面の問題を作り，絵や式に表す。
第3次 たし算の習熟	6	同じ答えになるたし算カードを見つけて並べ，きまりを見つける。
	7	たし算カードのゲームをしながら，和が10以下のたし算の習熟を図る。
第4次 0のたしざん	8	玉入れゲームを通して，0のたし算を理解する。

単元の基礎・基本と見方・考え方

(1)たし算の意味と見方・考え方

たし算には，「合併」と「増加」の２つの意味がある。合併は，「あわせるといくつ」という場面であり，増加は，「ふえるといくつ」という場面である。

「あわせる」というのは，２つのものが同時に存在し，それが一緒になることである。例えば左手におはじきを３個，右手におはじきを２個持つ。それを机の上に同時に置くと，全部で何個になるかという場面である。図に表すと次のようになる。

一方，「ふえる」というのは，初めにある数のものがあって，時間がたってから，またある数のものが一緒になるということである。例えば，初めに，花瓶に３本の花がさしてある。あとから２本の花を入れると，全部で何本になるかという場面である。

どちらの場合も「一緒になる」ということは同じで，「たし算」を用いるのだが，その状況が異なっている。この同じところと異なるところを考えることが数学的な見方・考え方となる。

本書の事例では，同じ３＋２の金魚の場面で，合併と増加の違いに気づかせるようにした。増加の場面の学習をした後に，改めて同じ式の合併の場面を振り返らせることにより，その状況の違いに気づきやすくなると考えた。さらに，このことを，操作活動を通しても理解させるようにしたい。

(2)文と絵と式を対応させながら考える

文を読んで，その状況が具体的にイメージできないために，立式できない子どもは多い。そこで，「絵を見て話をする」「文を読んで絵をかく」「文を読んで絵を選ぶ」「問題を作り，絵や式に表す」などの活動を多く取り入れるようにする。「数が増えたから，この絵だ」「合わせる問題だから，このような絵をかこう」など，文と絵と式を対応させながら考えることは，数学的な見方・考え方を働かせている姿そのものである。

１年生なので，すぐに図に表させるのではなく，まずは絵を描くことを楽しませたい。そうすることによって，学年が上がった時に，抵抗なく図をかくことができるようになるのである。

(3)関数的な見方をする

たし算カードを並べると，様々なきまりが見えてくる。そのきまりを見つけ，説明することも数学的な見方・考え方として重要なことである。一人できまりを見つけられない子どもも，友だちの話を聞いて，理解できることは多いだろう。全ての子どもが参加できるようにし，また，友だちと一緒に学習する楽しさを味わわせながら，関数的な見方の素地を育てていくようにしたい。

本時案

あわせていくつ①

本時の目標

・合併の場面を理解し，ブロック操作をしながら答えを求め，式に表すことができる。

1/8

授業の流れ

1 絵を見て，お話をしよう

○○ちゃんの続きを言えるかな？
男の子が金魚を２ひき持っています

①～④の絵を順番に提示し，１枚ずつ話をさせる。黒板には，子どもの言葉をそのまま板書する。②では，女の子について続けて話をしようとしたら，「○○ちゃんのつづきを言えるかな？」と聞き，男の子と分けて，話をさせるようにするとよい。

1 どんなおはなしかな？

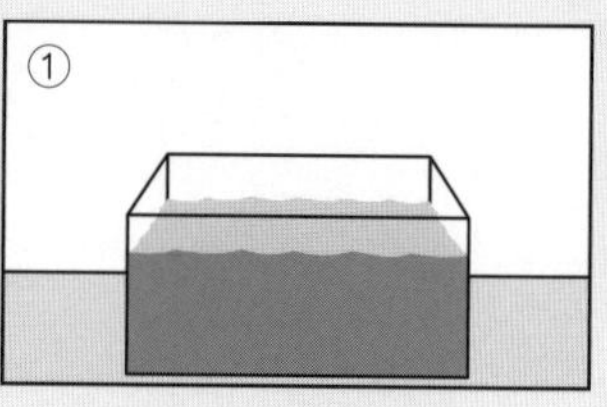

すいそうがあります。

3

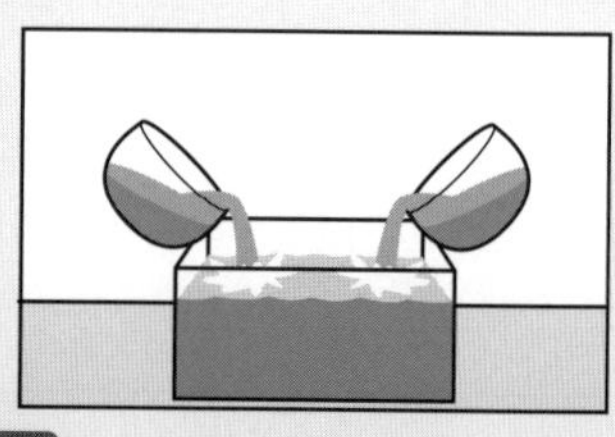

2 水そうの中の金魚は何びき？

金魚は何びきになったかな

あれ，何びきになったのかな

④を提示したら，すぐに水槽の中身が見えないように隠す。水槽の中身が見えないことで，子ども達の興味はさらに増す。

教師が，「隠れちゃったからわからないね」というと，子ども達は，「でも，わかる！」と考えようとする。

3 ブロックを使って考えよう

ブロックをつかって考えましょう

３びき入れて，２ひき入れたから…

水槽の絵と入れ物が書かれた紙を用意し，その上にブロックを置かせる。そして，ブロックを操作させ，答えを求めさせる。

本時の評価

・合併の場面を，絵を見ながら話し，ブロック操作をしながら答えを求めることができる。

準備物

・４枚の絵
・水槽の絵と入れ物が書かれた紙，ブロック（教師用・児童）
・マス目入り黒板

おとこのこがきんぎょを３びきもっています。

おんなのこがきんぎょを２ひきもっています。

おとこのことおんなのこがすいそうにきんぎょをいれました。

2

あっ、かくれちゃった！

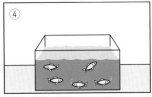

すいそうにはいっているきんぎょは、あわせてなんびきでしょう。

でも、わかるよ！

4

○○○➡⬅○○
３と２をあわせて５になります。

5

$3+2=5$
３たす２は５

4 お話をしながらブロックを動かそう

黒板上でも子ども達と一緒にブロックを操作して，確認する。

その際，「『３と２を』『合わせて』５になります」などと言葉で言わせながら操作をするとよい。その後，その言葉も板書する。

5 算数の言葉にしよう

ここで，子ども達は，初めて算数の言葉である式と出合う。４で行ったブロック操作と合わせて，式にしていくことを丁寧に扱う。そして，このようなけいさんを「たしざん」ということを指導する。そしてノートに，○の図としき・こたえを書かせる。

本時案

あわせていくつ②

本時の目標

・合併の場面の文に合う絵をかくことを通して，合併の場面についての理解を深める。

2/8

授業の流れ

1 お話に合う絵をかこう

画用紙にかきましょう
たのしそうだな

一人１枚画用紙を配り，それぞれ問題に合う絵を描かせる。十分時間を与えて，絵を描く楽しさを感じさせながら活動させる。

たし算の初期なので，お話を作らせるのではなく，同じお話で，絵だけをかかせるようにする。

1 おはなしにあうえをかきましょう。

くろいねこが２ひき、
しろいねこが５ひきいます。
ねこは、ぜんぶでなんびきになりますか。

2

かずが ちがう！

くろいねこは、２ひきじゃないとだめ。

2 先生の絵を見てみよう

先生も絵をかいてみました
先生の絵は，
猫の数がちがうよ

まだ１年生になったばかりなので，教師がわざと間違える。「先生の絵は，猫の数が違うよ」「そんなことないでしょ」「そうだよ。だって黒い猫が３匹いる」などと子どもと対話をしながら，数が正しく描かれているか確認をする。

3 友だちの絵を見てみよう

友だちの絵を見てみましょう
みんな合っているね
絵は合っているけど，
〇でもいいの？

まずは，お隣同士で，猫の数が合っているか確認する。間違えているようだったら，その場で直させる。そして，何名かの児童の画用紙を黒板に貼り，全員で確認する。

本時の評価

・合併の場面の話に合う絵をかくことができる。

準備物

・絵を描く画用紙（全員分）
・マス目入り黒板

3

4

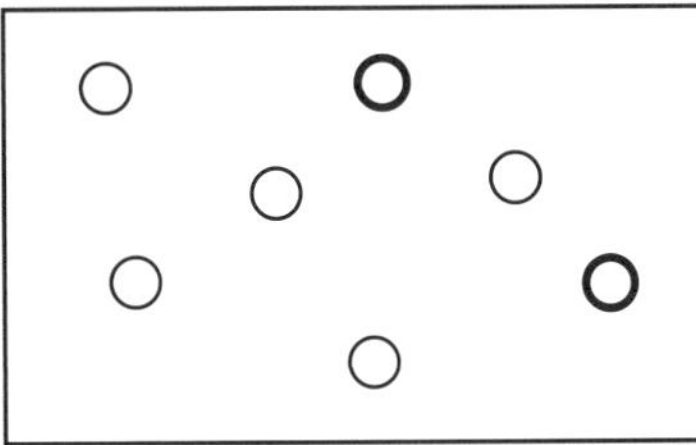

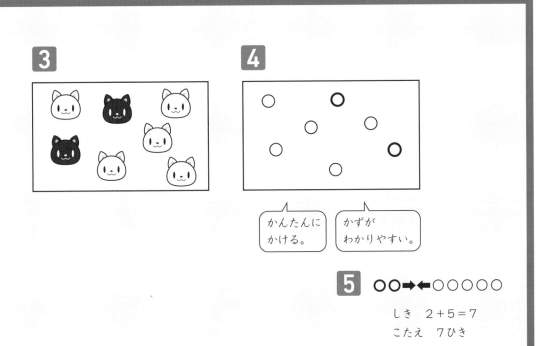

かんたんに
かける。

かずが
わかりやすい。

5 ○○➡⬅○○○○○

しき　2＋5＝7
こたえ　7ひき

4 ○の絵のいいところはどこだろう

○の絵のいいところは，どこでしょう
簡単にかける
数がわかりやすい

子どもたちの中には，猫の絵ではなく，○で描いていいのかわからない子どももいるので，○で描いてもいいことを伝える。その上で，○で描くよさを考えさせていく。

5 ノートにかきましょう

ノートに，○の絵と式をかきましょう

ノートに書く練習をする。教師がマス目の黒板に書きながら，全員に，同じようにノートに書かせるようにする。

本時案

ふえるといくつ

本時の目標

・増加の場面を理解し，ブロック操作をしながら答えを求め，式に表すことができる。

授業の流れ

1 絵を見て，お話をしよう

今度はどんなお話かな
水そうの中に金魚が
3びきいます

第１時と同じように，①～③の絵を順番に提示し，１枚ずつ話をさせる。黒板には，子どもの言葉をそのまま板書する。

増加の場面だが，子ども達は，「ふえると」という言葉を使わない場合が多い。この段階では，無理に「ふえると」という言葉を使わなくてよい。

1 どんなおはなしかな？

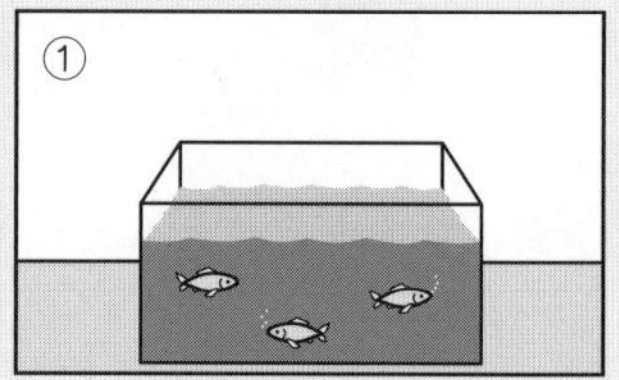

すいそうのなかに
きんぎょが３びきいます。

3

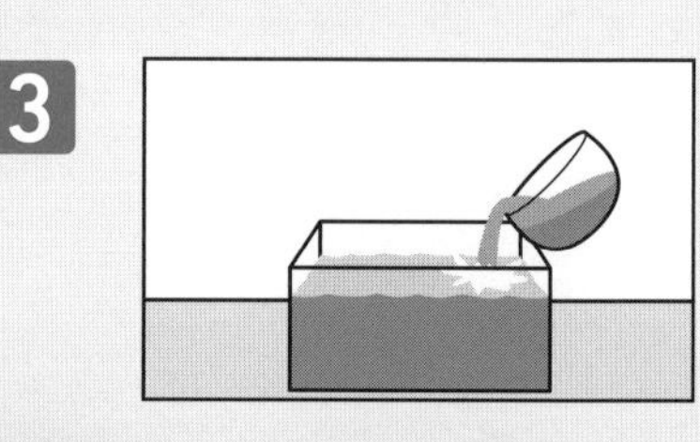

2 水そうの中の金魚は何びき？

またかくれちゃった
からわからないね
わかるよ

第１時と同様，③を提示したら，すぐに水槽の中身が見えないように隠す。子ども達は，「また隠した！」と興味をもって考えるだろう。教師が，「また隠れちゃったからわからないね」というと，子ども達は，「わかるよ！」と考えようとする。

3 ブロックを使って考えよう

ブロックを使って考
えましょう
水そうの中に３びきいて…

第１時と同じように，水槽の絵と入れ物が書かれた紙を用意し，その上にブロックを置かせる。そして，ブロックを操作させ，答えを求めさせる。

本時の評価

・増加の場面を，絵を見ながら話し，ブロック操作をしながら答えを求めることができる。

準備物

・３枚の絵
・水槽の絵と入れ物が書かれた紙（児童用・教師用）
・マス目の黒板

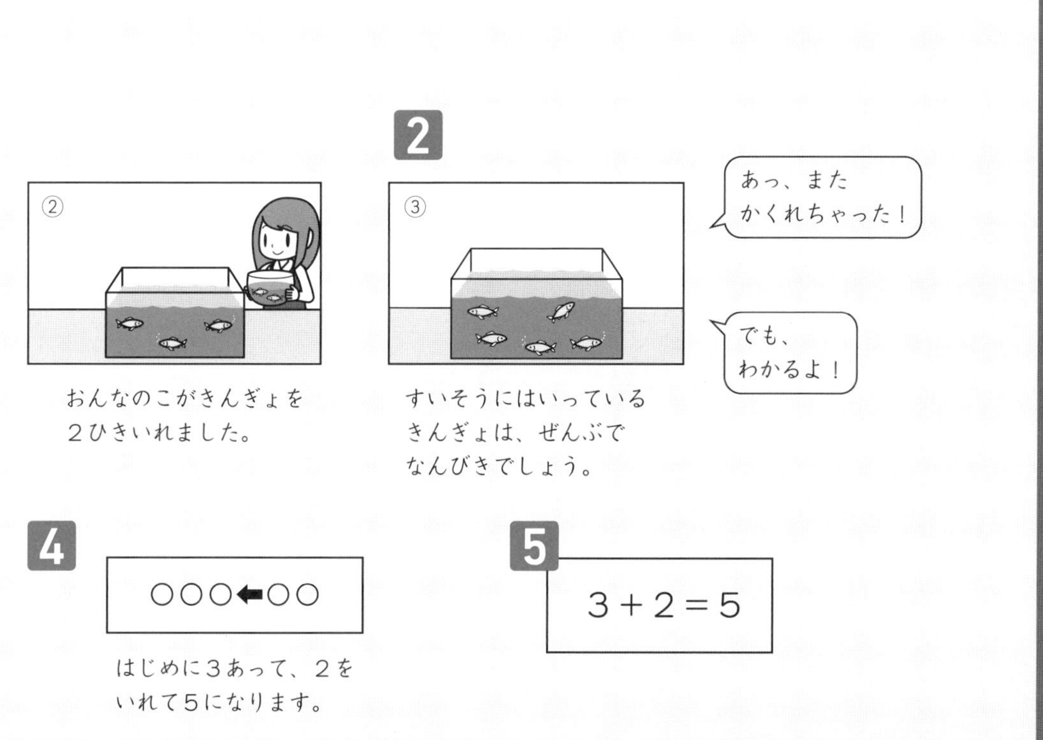

2
②
③
あっ、また
かくれちゃった！
でも、
わかるよ！
おんなのこがきんぎょを
２ひきいれました。
すいそうにはいっている
きんぎょは、ぜんぶで
なんびきでしょう。
4
5

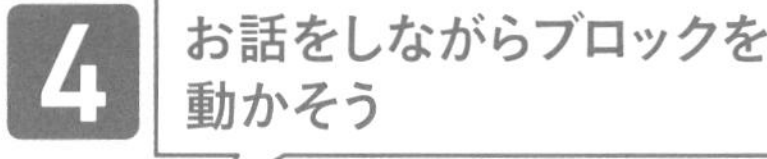

はじめに３あって、２を
いれて５になります。

4 お話をしながらブロックを動かそう

黒板上でも子ども達と一緒にブロックを操作して，確認する。

その際，「『はじめに３あって』『２を入れて』５になります」などと言葉で言わせながら操作をする。その後，その言葉も板書する。

5 ノートにかきましょう

ノートに○の図としき・こたえを書かせる。教師がマス目の黒板に書きながら，全員に，同じようにノートに書かせるようにする。

本時案

あわせていくつ・ふえるといくつ①

4/8

本時の目標

・同じ式になる合併の場面の絵と増加の場面の絵を比べ，その違いを説明することができる。

授業の流れ

1 この前の金魚のお話と比べよう

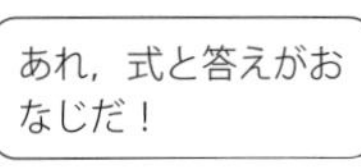

まず前時の増加の場面の絵を提示し，復習をする。そして，前に学習した金魚の絵③も提示し，式を確認する。子ども達は，式と答えが同じことに気付くだろう。そこで，教師が，「本当だ。同じだったね」と言うと，「違うところがある！」と，違いを見つけようとする。

1 2 どこがちがうのかな？

②
おんなのこだけ。
あとから2ひきいれた
はじめから3びきはいっていた。

3＋2＝5

3

○○○　⬅○○

3あって、2ふえると5

2 どこが違うのかな？

「どこが違うの？」と聞くと，子ども達は，「昨日のお話は，女の子だけが金魚を入れた」「前のお話は，男の子と女の子が入れた」「昨日のお話は，初めから水槽に金魚が３匹入っていたの」「前のお話は，初めは水槽に金魚がいなかった」と言うだろう。

その言葉を吹き出しで板書する。

3 ○の図で確認しよう

○の図を黒板に書きながら，その違いを確認する。矢印を見て，子ども達は，その違いに気付くだろう。子ども達から「増える」という言葉が出てこなかったら，「数はどうなったの？」と聞くことによって，「数は増えた」と答えることができる。そこで，「ふえる」「あわせる」という言葉を板書する。

本時の評価

・同じ式になる合併の場面の絵と増加の場面の絵を比べ，その違いに気づくことができる。

準備物

・第１時の③の絵と第３時の②の絵
・自動車の問題の絵３枚

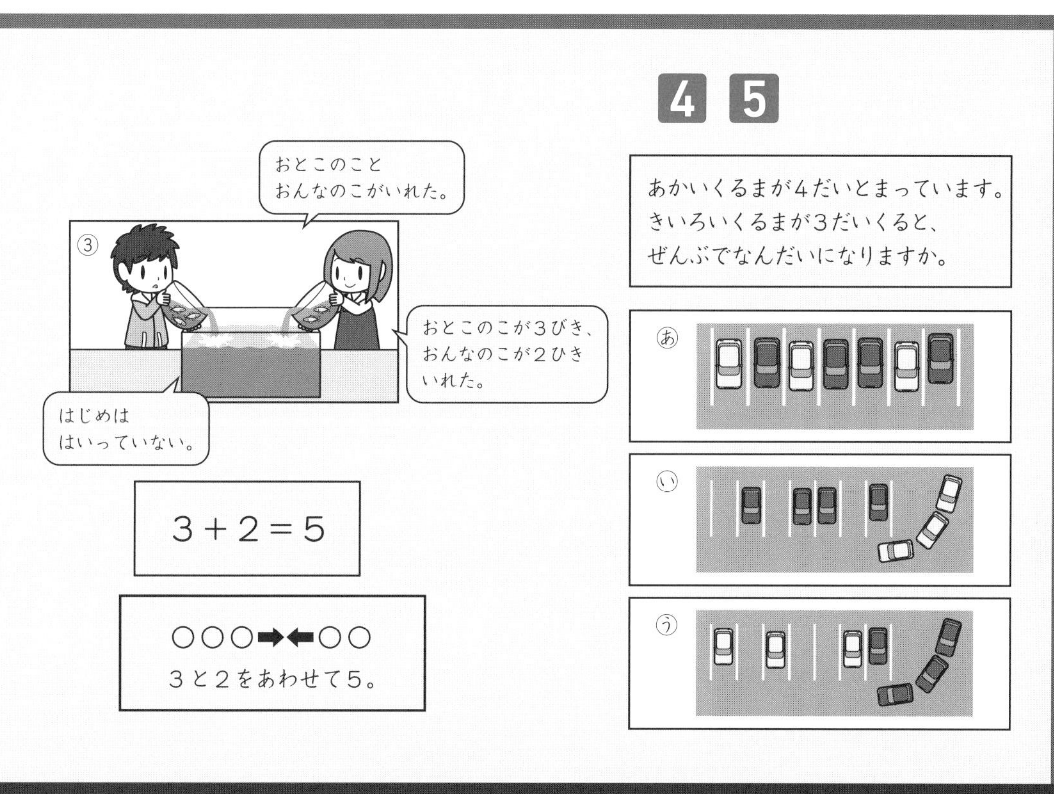

4 車の問題の絵で正しいのはどちらかな

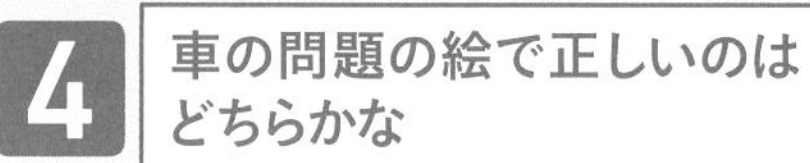

増加の場面の問題を提示する。まずは，絵を３枚見せ，どの絵が合っているか考えさせる。子ども達は，初めに止まっている車の台数を見たり，あとからくる車の台数を見たりして判断することができるだろう。

5 車の問題は，どちらの問題と同じかな

次に，金魚のお話のどちらと同じなのか考えさせる。初めに４台止まっていて，あとから３台来たことから，増加の場面であることを捉えさせる。

本時案

あわせていくつ・ふえるといくつ②

5/8

本時の目標

・合併と増加の違いに気をつけながら問題を作ることができる。

授業の流れ

1 どちらの問題でしょう

おはなしとえを
あわせましょう
ふえるおはなし
だから…
あわせるおはなし
だから…

問題文２枚と絵２枚をバラバラに提示し，合併の場面と増加の場面の問題文と絵を合わせさせる。そして，もう一度合併の場面と増加の場面を確認し，問題づくりの参考にさせる。

1 どちらのもんだいかな。

とりがきに６わとまっています。
４わきました。
ぜんぶでなんわになったでしょう。

2 たし算の式になる問題をつくろう

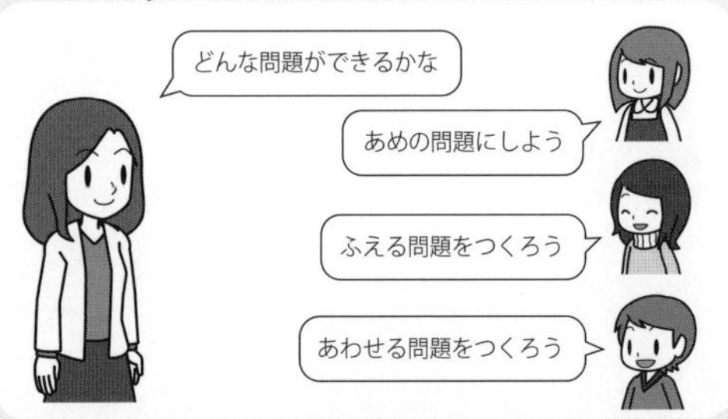
どんな問題ができるかな
あめの問題にしよう
ふえる問題をつくろう
あわせる問題をつくろう

たしざんの式になる問題を作らせる。作らせる前に，どのような問題を作りたいか発表させ，全員に問題づくりのイメージをもたせる。

3 絵と式をかこう

画用紙に絵と式をかきましょう

画用紙を半分に折り，表紙に「ふえるたしざん」「あわせるたしざん」などの題を書かせる。そして，見開き１枚に絵を描かせ，裏表紙に式と答えを書かせるようにする。

本時の評価

・合併の場面や増加の場面の問題を作ることができる。

準備物

・問題文と絵２枚ずつ
・画用紙（児童の人数分）

2 たしざんのしきになるもんだいをつくりましょう。

わたしは、あめのもんだいをつくろうかな。

あわせるもんだいにしよう。

ふえるもんだいもできるよ。

しろいとりがきに６わきました。
あおいとりが４わきました。
ぜんぶでなんわでしょう。

3

4

5

しき
3＋5＝8
こたえ
8ぽん

4 お友だちの絵を見てお話しましょう

友だちは，どんな問題をつくったのかな

花びんに白いお花を５本，赤いお花を３本入れます。あわせてなん本でしょう

あわせる問題だね

問題ができた子どもの絵を提示し，どんな問題か考えさせ，式と答えも考えさせる。

5 友だちと交換して，どんな問題か考えよう

お友達とお話を交換して，どんなお話か考えましょう

いろいろな問題があるね

できた子ども同士，問題を交換させる。そして，それぞれお友達の絵からお話を考えさえ，式と答えを求めさせる。

本時案

たしざんカードで あそぼう①

6/8

本時の目標

・同じ答えになるカードを見つけ，いろいろなきまりを見つけることができる。

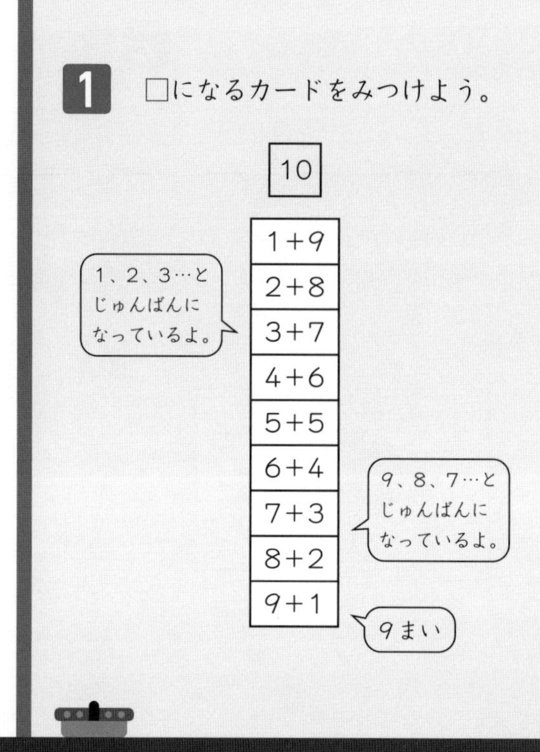

1 □になるカードをみつけよう。
10
1+9
2+8
3+7
4+6
5+5
6+4
7+3
8+2
9+1
1、2、3…と じゅんばんに なっているよ。
9、8、7…と じゅんばんに なっているよ。
9まい

授業の流れ

1 □になるカードを見つけましょう

2になるカードはどれかな？

2は1＋1だから…

□の数になるカードを見つけさせる。カードは，バラバラに提示し，その中から選ばせるようにする。全てのカードから選ばせるのが難しいようだったら，初めは，6になるカードまでを提示するとよい。

2 何かおもしろいことを見つけたかな？

3のカードは，反対になっている
どういうこと？
1＋2と2＋1
4のカードもかな？

2になるカード，3になるカードと進めていくと，3のカードの式が反対になっていることに気づくだろう。その子ども達の気づきを吹き出しで板書し，価値づける。

3 4になるカードはどうなっているかな

4のカードは，反対になっているのもあるけど，同じ数のカードもある
同じ数のカードって，どのカードのことかな

4になるカードは，反対になっているのもあるが，同じ数で構成されているものもあることに気づかせたい。発表した子どもの言葉を受けて，「同じ数のカードって，どのカードのこと？」と問うことによって，2＋2の存在に気づかせる。

本時の評価

・同じ答えになるカードを見つけ，並べることにより，いろいろなきまりを見つけることができる。

準備物

・計算カード

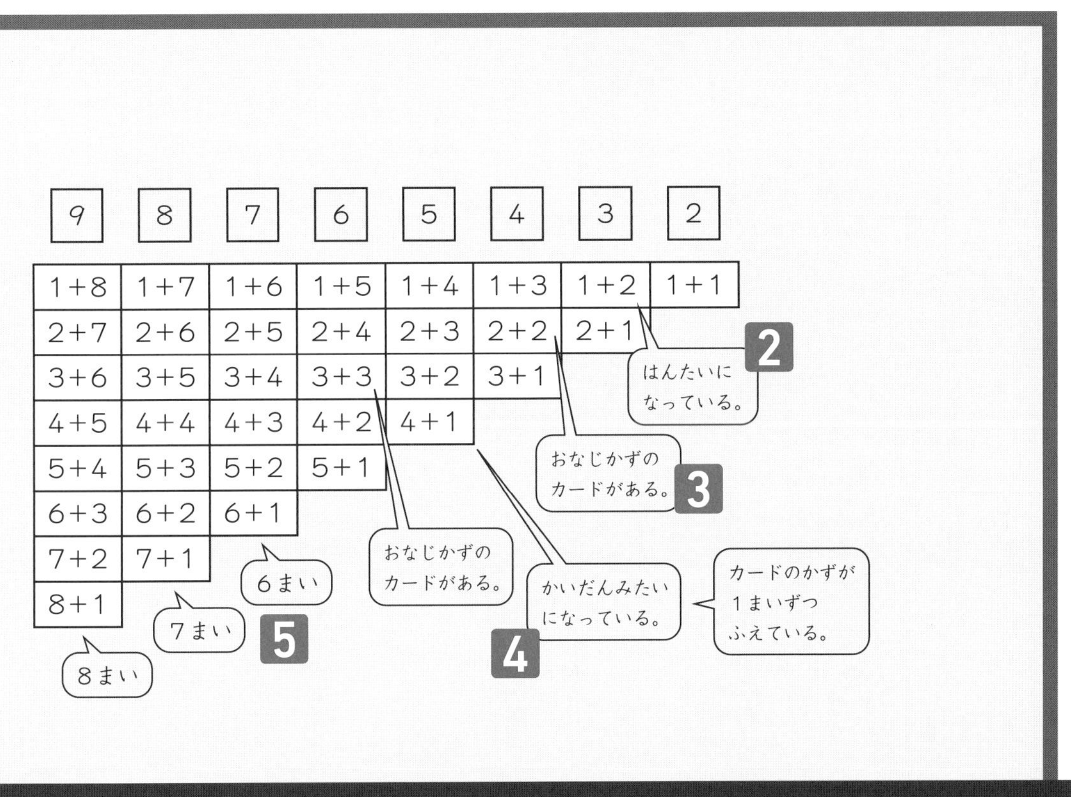

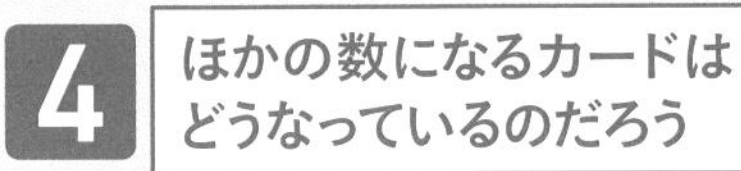

4 ほかの数になるカードはどうなっているのだろう

カードを順番にしたいな
またおもしろいことを見つけたよ
階段みたいになっている

続けて，５，６の数になるカードを見つけさせる。だんだんと子ども達は，順番に並べようと言い出す。順番に並べると，新たなきまりが見えてくる。その子ども達の言葉を板書していく。

5 ７になるカードは，何枚あるのかな

7になるカードは何枚あるかな？
6まいじゃないかな
どうしてそう思うの？

続けて７～10になるカードを提示し，７になるカードを見つけさせるが，この時に，「７になるカードは何枚あるか」を予想させた上で，見つけさせる。10になるカードまで見つけさせ，さらに見つけたきまりを板書する。

本時案

たしざんカードで あそぼう②

7/8

本時の目標

・たしざんカードを使ったゲームを通して，和が10までのたし算を習熟する。

授業の流れ

1 同じ答えのカードを取ろう

10になるカードを取ろう
10になるのは，9枚あるはず

4人グループで，机をつけ，カードをバラバラに置く。教師が，2～10までの数字を言って，子ども達に取らせる。慣れてきたら，自分たちで遊ばせてもよい。「10だったら9枚あるはず」などと前時の学習を想起させながら活動させたい。

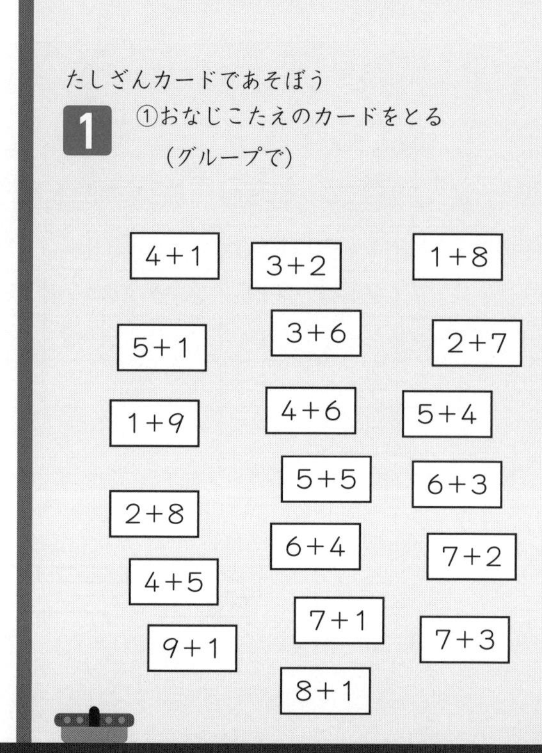

たしざんカードであそぼう
1
①おなじこたえのカードをとる
（グループで）
4+1
3+2
1+8
5+1
3+6
2+7
1+9
4+6
5+4
5+5
6+3
2+8
6+4
7+2
4+5
7+1
9+1
7+3
8+1

2 大きい答えの方が勝ちゲームをしよう

どちらが大きいかな？
7と6だから1＋6の方が大きい

いくつかカードを提示し，遊び方を確認する。まず1＋6と3＋3のカードを提示する。
計算をすると1＋6の方が勝ちとなる。

3 このカードは，どちらが勝ちかな？

4＋2と4＋3だったらどうなるかな？
6と7だから，4＋3の勝ち！
計算しなくてもわかるよ

次に，4＋2と4＋3のカードを提示する。
子ども達は，まずは計算をして，4＋3の方が勝ちと言うだろう。だが，よく見ると，式だけでも判断することができる。「計算しなくてもわかる」という子どもがいたら，取り上げたい。

本時の評価

・勝つ理由を考えながら，大きい方が勝ちゲームをすることができる。

準備物

・たしざんカード（提示用・児童用）
・2～10のカード

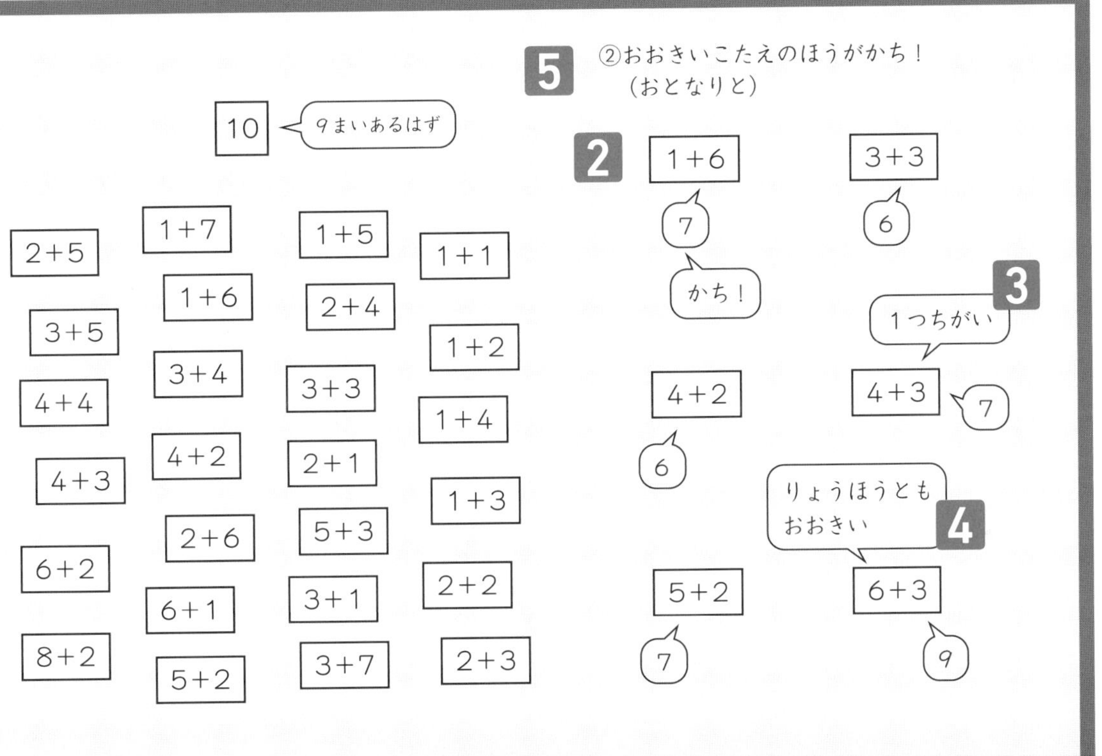

4

続けて，5＋2と6＋3のカードを提示する。この場合も，計算して考える子どもがほとんどだろう。もし被加数と加数が両方大きいから6＋3の方が勝ちと言う子どもがいたら取り上げる。

5 お隣の人と遊ぼう

カードをお互い同じ数ずつ配り，重ねて手に持ち，同時に1枚ずつ出す。数を見ただけで，どちらが大きいかわかる場合もあるが，計算練習も兼ねているため，必ず答えを言ってからもらうようにさせる。

本時案

0のたしざん

本時の目標

・玉入れ遊びを通して，0のたし算の意味を理解する。

授業の流れ

1 玉入れ遊びをしましょう

玉入れ遊びのやりかたを確認しましょう

一つも入らなかったらどうするの？

グループ毎に玉入れ遊びをさせる。かごの中に入った数だけ，紙上のかごの絵の中に〇を書かせる。一つも入らなかったら，〇は書かない。例として黒板上で書き方を確認する。交代しながら協力して遊ばせるようにする。

1 たまいれあそびをしよう。

〈やりかた〉
① 1かい3こなげる。
② はいったかずだけ かみのかごのえのなかに〇をかく。
③ 1かいなげたらこうたいする。
④ ひとり2かいなげる。

2 たくさん いれたいな。

2 グループで玉入れ遊びをしましょう

交代しながら玉入れ遊びをさせる。お友達を応援している子どもを誉め，楽しく活動させるようにする。また，紙の書き方もお互いに確認させるようにする。

3 かごに入った玉は，何個かな

かごに入った玉の数を式にしましょう
黒板の絵の式はどうなりますか

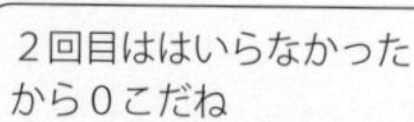

2回目ははいらなかったから0こだね

まずは，黒板に貼った例の式を確認する。

この場合，2回目は，入らなかったので，「2＋0＝2」と書くことを教える。

自分の式を短冊状の紙に書かせ，全員分を黒板に貼れるようにする。

本時の評価

・玉入れ遊びをしながら，０のたしざんを理解することができる。

準備物

・かごの絵の紙（提示用，児童用）
・短冊（児童分）

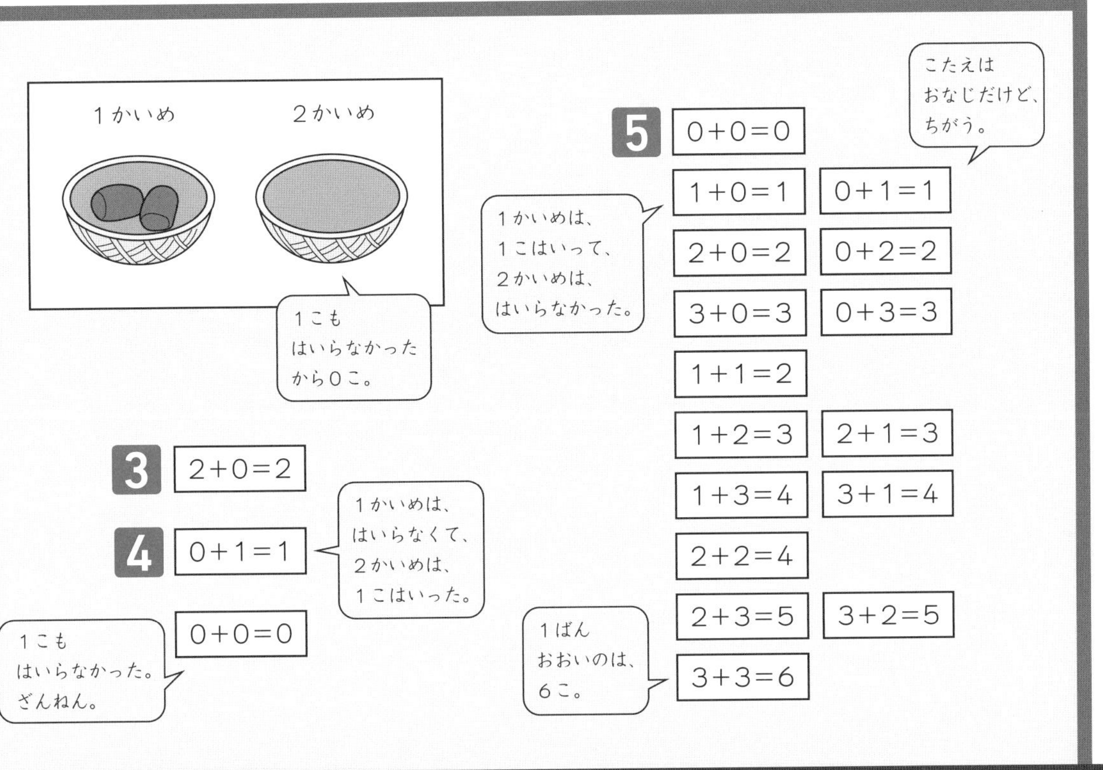

4 おともだちの式を見てみよう

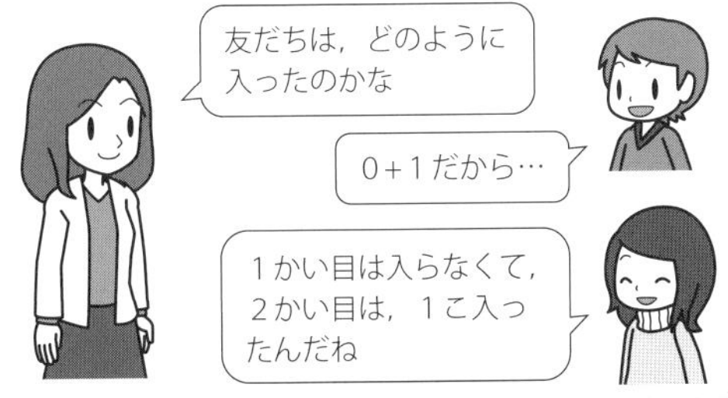

友だちは，どのように入ったのかな
0+1だから…
1かい目は入らなくて，2かい目は，1こ入ったんだね

式から玉入れの状況を考えさせる。「０＋１は，１回目は入らなかったけど，２回目に１こ入った」など，言葉で説明させる。「０＋０」の子どもには，「頑張ったのにね」などと言って大切なのは勝ち負けではないことを伝える。

5 同じ数になったものを集めよう

黒板に全ての子どものカードを貼る。子ども達は，「同じカードがある」と言うだろう。同じカードをはずしたあと，同じ数になるカードを集める。１＋０と０＋１のカードが同じと言う子どももいるので，あえて，教師が「同じだよね」と言い，その違いを考えさせる。

4 ひきざん(1)　9時間扱い

単元の目標

・減法が用いられる場面や，減法の意味を理解することができ，被減数が10以下の数について数量の関係に着目して減法の意味や計算の仕方について操作や式に表したり，考えたりする力を養うとともに，学習した減法の場面を日常生活の中から見出して，活用しようする態度を養う。

評価規準

知識・技能	①減法が用いられる場面を知り，求残や求補，求差などの減法の意味を理解し，被減数が10以下の数についての減法の計算が確実にできる。
思考・判断・表現	②文や絵から減法を表している場面かどうかを判断したり，求残，求補，求差の場面を式に表したり，計算の仕方を数の構成や操作などを用いて考えたりしている。
主体的に学習に取り組む態度	③学習した減法の場面を日常生活の中から見出して，式に表すよさに気付き，意欲的に活用しようとする。

指導計画　全9時間

次	時	主な学習活動
第1次 ひき算（求残）の意味と計算の仕方	1	求残の減法が用いられる場面の絵を見て，それをひき算の式に表すことができるようになる。
	2	5以下の数について減法ができるようになる。
	3	求補の減法が用いられる場面の絵を見て，9以下の数について，その場面をひき算の式に表す。
	4	10からひく減法ができるようになる。
	5	カードを遊びを通して，ひき算の計算に親しむ。
	6	0の意味を知り，0が用いられるひき算の場面について理解することができる。
第2次 ひき算（求差）の意味と計算の仕方	7	求差の減法が用いられる場面の絵を見て，それをひき算の式に表すことができるようになる。
	8	求差の減法を表している場面の問題を作ることで，ひき算の理解を深める。
第3次 まとめ	9	ひき算の絵本づくりを通してまとめを行う。

単元の基礎・基本と見方・考え方

(1)ひき算の意味の理解

ひき算の学習では，被減数が10以下の数についての減法の計算が確実にできることは大切である。これは「知識・技能」の目標である。この目標を達成することがこの単元のゴールではない。ひき算の学習においては，問題場面を表している文や絵から，減法の意味を理解して，その場面を式に表すことも重要である。

本単元では，「のこりはいくつ？」と「ちがいはいくつ？」のひき算を扱うが，「『残り』や『ちがい』という言葉があればひき算だ」と，形式的にひき算の式を作るのではなく，場面の意味を理解した上で，ひき算を用いることが大切となる。

①求残

たし算の「増加」の問題の逆の場面を表す。

時間の経過を表すのに取り去った動きを→で表すことが多い。また，取り去ったものを動かさずに紙で隠したり，斜線で消したりすることで取り去ることを表しておくと，以後のひき算と，意味の統合を行いやすくなる。

②求差

ちがいを求めるのは，「どちらがいくつ多いか」という問題で提示される。これまでに学習してきた1対1対応を使って考える。図に表すと次のようになる。

○と●のちがいを考えるとき，●の数と同じ数の○を取り除くと考えると同じになる。

そこでこの●を○の上に重ねてみる。

そうすると，今までのひき算と同じように考えることができる。

(2)計算技能

1けた同士のひき算については覚えるまでその練習をくり返したい。その際，ブロックやおはじきを使ったり，○などをかいて，ひく数を斜線で消していったりしながら，1つずつ答えを確かめて，確実に覚えていかせたい。

7 − 3 = 4

1けた同士のひき算は全部で55種類ある。しかし，0をひくひき算，同じ数同士をひくひき算を除けば36種類。さらに1だけひくひき算，答えが1になるひき算などを除くと21種類。そこから自分のできるひき算をとっていけば，本当に覚えなければならない計算は絞られてくる。計算カード等を使い，自分の苦手な計算をみつけて効率よく覚えていくとよい。

本時案

ちがうおなはしは どれかな

1/9

本時の目標

・求残の減法が用いられる場面について，その意味を理解し，式に表すことができる。

授業の流れ

1 たし算の絵 2 枚とひき算の絵 1 枚を黒板に提示する

どれかな？
仲間外れの絵は
どれかな？

たし算の絵 2 枚とひき算の絵 1 枚を貼り，「仲間外れの絵はどれかな」と問う。

ちがうおはなしはどれかな？

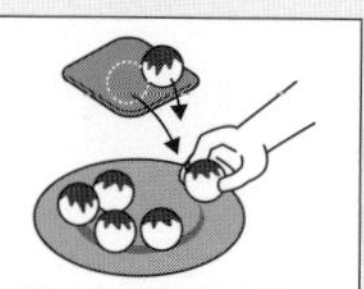

たしざん
4＋2＝6

たしざん
4＋3＝7

はじめにたし算の絵 2 枚とひき算の絵 1 枚を貼り，仲間外れをみつけさせる。このときの子どもたちのつぶやきをしっかりと聞いておく。

2 この絵だけ減っているよ

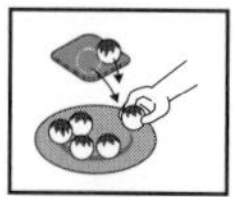

この 2 つは
たし算だ

「たし算の絵だ」「これもたし算だよ」という子どもの発言の中に，「この絵だけ減っているよ」という子どもの声を聞いておく。

3 この絵のお話を作ってみよう

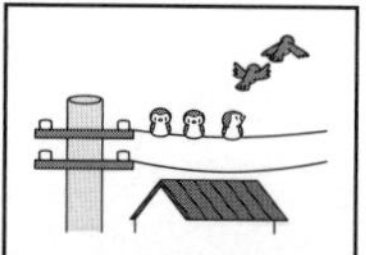

とりが 5 わいます。
2 わとんでいきました

ひき算の場面を表している絵を選び，子どもたちにお話を作らせる。

「とりが 5 わいます。2 わとんでいきました。のこりは 3 わです」

本時の評価

・減法の場面を表している絵を選び，それを式に表すことができる。

準備物

・たし算の場面を表した絵（裏にマグネット）を2枚
・ひき算の場面を表した絵（裏にマグネット）を3枚

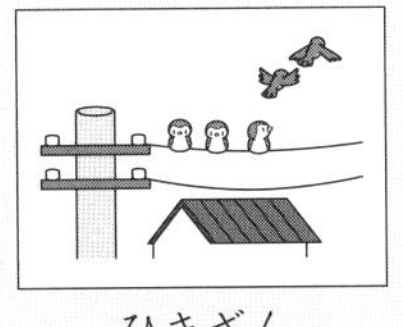

このえだけ へってるよ

ひきざん

5－2＝3 ←── のこったとりのかず

↑ とんでいったとりのかず

↑ はじめにいたとりのかず

Ⓐ

4－3＝1

Ⓘ

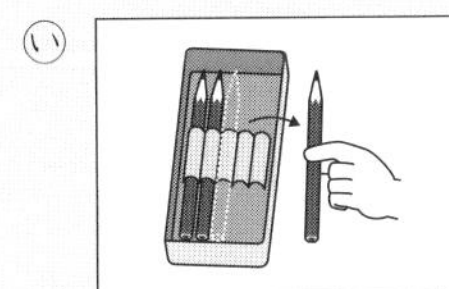

3－1＝2

絵だけではなく，求残の場面をブロック操作をして表す。
初めてひき算の式を習うので，式が表している数をていねいに言葉でも表す。

ひき算の場面を表している絵を他にも2枚準備しておいて，それぞれを式に表す活動をする。

4 ひき算の式にしてみよう

「作ったお話を算数の式にしてみよう」

とりのお話は，5－2＝3となります。

5…はじめにいたとりの数
2…とんでいったとりの数
3…残ったとりの数

「他の絵もひき算の式にしてみよう」

Ⓐ4－3＝1　Ⓘ3－1＝2

ポイント

はじめにたし算とひき算の絵を見せるのがポイントである。同じものばかりではなく，ちがう場面を見せることで，たし算とひき算のちがいを子どもたちがイメージできるようにする。

この時間は求残の意味を理解し，ブロック操作で求残の場面を表した後，イメージ化を図った後，式に置き換えて考えることが大切である。絵と言葉と式がそれぞれ対応できるようにしていくことを心がけていくとよい。

本時案

どんなしきになるかな①

2/9

本時の目標

・5以下の数で，求残の減法を表している場面を式に表し，答えを求めることができる。

授業の流れ

1 どんなお話かな

順番に見せて…

男の子が風船を5こ持っている絵を見せる。その後に風船が3ことんでいく絵を見せて，「どんなお話かな」と問う。

どんなしきになるかな

ふうせんが
5こ

3こ
とんでいった

5－3＝2

のこりは2こ

絵を見せて，求残の場面を子どもたちが自分の言葉でお話しができるようになることを大切にしたい。

2 のこりは2こだよ

5－3＝2
どんな式で表せるかな？

「風船が5こありました。3ことんでいったのでのこりは2こだよ」と子どもが言えば，「どんな式で表せるかな」と言い，式を書く。

3 とんでいった風船の数を自分できめてみよう

もしも4ことんでいったら
どんな絵や式になるかな？

とんでいった風船の数を子どもたちが決められるように，上の発問をする。「4ことんでいった」と言えば，「どんな絵や式になるかな」と言い，一緒に黒板に書いていく。

本時の評価

・求残の減法を表している場面を式に表し，答えを求めることができる。

準備物

・ひき算の場面を表した絵（裏にマグネット）
・掲示用ブロック

もしも4ことんでいったら

⑤−④=①

はじめにあったふうせんのかず

のこり１こ

もしも２ことんでいったら

５－２＝３

のこりは３こ

もしも１ことんでいったら

５－１＝４

のこり４こ

１年生のときから，「自分で数を変える」という経験をさせることを意識しておきたい。

風船の上にブロックを置き，求残の場面をブロック操作をして表す。

4 ひき算の式にしてみよう

「作ったお話を算数の式にしてみよう」

５－４＝１
５…はじめにあった風船の数
４…とんでいった風船の数
１…残った風船の数

「他にも式が作れるかな」と言い，
５－２＝３，５－１＝４などの式も扱う。
このとき，ブロック操作も行う。

ポイント

まずは，子どもたちが求残の場面を減法の式に表し，答えを確実に求めることができるように，ブロックの操作を大切にしていきたい。

教師が与えた「５－３＝２」の場面だけではなく，子どもたちが「４この風船がとんでいったら？」「２この風船だったら？」などと考えていけるようにしていくことも，１年生だからこそ，経験させておきたい。

本時案

どんなしきになるかな②

本時の目標

・9以下の数で，求補の減法を表している場面について，その意味を理解し，式に表して答えを求めることができる。

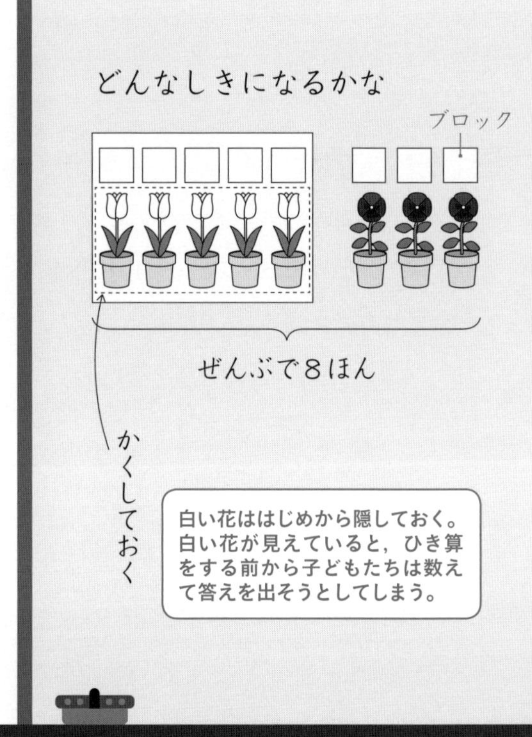

どんなしきになるかな
ブロック
ぜんぶで８ほん
かくしておく
白い花ははじめから隠しておく。白い花が見えていると，ひき算をする前から子どもたちは数えて答えを出そうとしてしまう。

授業の流れ

1 白い花は隠しておく

白い花の絵を５つ，赤い花の絵を３つ並べるのだが，白い花の絵はかくしておく。かくした状態でいきなり「白い花はいくつあるでしょう」と聞いてみる。「そんなのわからないよ」と子どもたちは言うだろう。

2 花は全部で８本です。

「花は全部で８本です。白い花は何本かくれているでしょう」と問う。赤い花は３本見えているので，すぐに答えがわかる子どももいるだろう。そのときはだまっておくように告げておく。

3 式で表すとどうなるかな

ブロックを８こ置いてあげると，隠れている白い花の数がわかる。式で表して答えを出してから，かくれていた白い花を子どもたちに見せてあげるとよい。

本時の評価

・求補の減法を表している場面を式に表し，答えを求めることができる。

準備物

・白い花の絵５つ
・赤い花の絵３つ
・絵を隠す紙
・掲示用ブロック

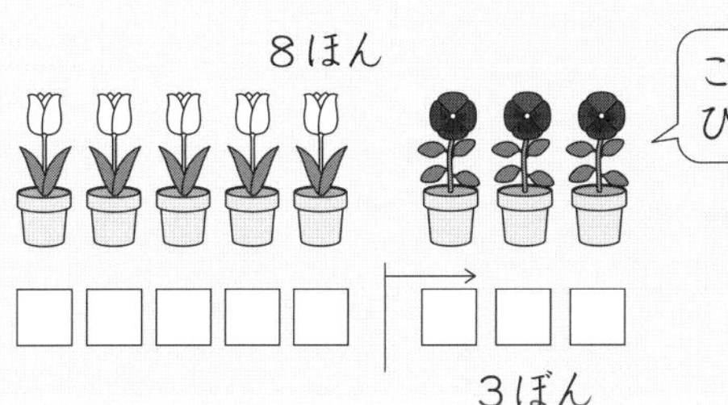

8－3＝5

しろいはなは5ほん

9こ

あか4こ

9－4＝5

しろは5こ

「全部で８本」がわかっているので，８このブロックを置いて考える。

求補の場面もひき算で表すことができることを確認する。

4 これもひき算だよ

今まで求残の場面のひき算を扱ってきたが，求補の場面もひき算で表すことができることを確認する。

時間があれば，「赤のおはじきと白のおはじきが全部で９こあります。赤のおはじきは４こです。白のおはじきはいくつでしょう」という問題も扱う。

かくす

算数の授業をするときには，「かくす」という方法を使うとよい場面がある。何でもかくせばよいというわけではないが，子どもたちはかくされるとかくれているものを見たくなる。

この授業では，白い花を「かくす」ことでひかれる数の８とひく数の３に着目して答えを求めようとする。これら２つの数に着目した後に，式に表すとどうなるかについて考えていくのである。

本時案

10からひく ひきざん

本時の目標

・ゲームをとおして，10からひく減法の計算ができる。

授業の流れ

1 ゲームの説明をする ※代表の子ども２人でする

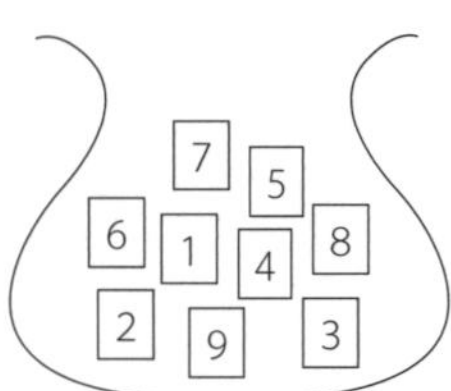

１～９のカードを入れておく。

「おはじきが10こあります。袋の中にカードが１枚ずつ入っています。引いたカードに書いてある数だけおはじきをとれます。どちらがおはじきの数が多くなるかな」

おはじきげえむ

①かあどをひく
②かあどのかずだけもらえる
③のこりはあいてのもの
④あおいほうがかち

ゲームのルールを確認する。
①10このおはじきを置く
②袋からカード（１～９）をひく
③引いたカードに書いてある数だけおはじきをとれる
④残ったおはじきが相手のおはじきになる
⑤多い方が勝ち
⑥もとにもどして，はじめから

2 お手本のおはじきゲームをする

「ぼくがひいたカードは３だったから，おはじきを３ことるよ」

「じゃあ，残りの７こがわたしのおはじきだね。やったあ。わたしの勝ちだ。よし，一度おはじきをもどして，次はわたしがカードをひくわよ。４が出た。10このおはじきから４つとるね」

「やったあ。残ったおはじきは６こだからぼくの勝ちだ」

3 式で書けるかな

6を引いたら，相手は10－６＝4だから4こになるよ

はじめはブロックを操作して，勝ち負けを決める。全体で何度かゲームをするうちに「式で書けるかな」と問う。「６を引いたら，相手は10－６＝４だから４こになるよ」

本時の評価

・10からひく減法の計算ができる。

準備物

・ひき算の式が書けるカード（裏にマグネット）
・掲示用のおはじき

10 このおはじき

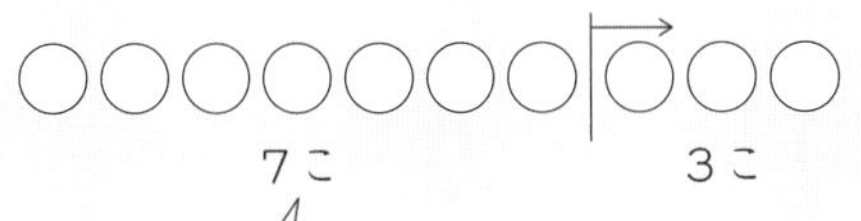

かち

10－3＝7

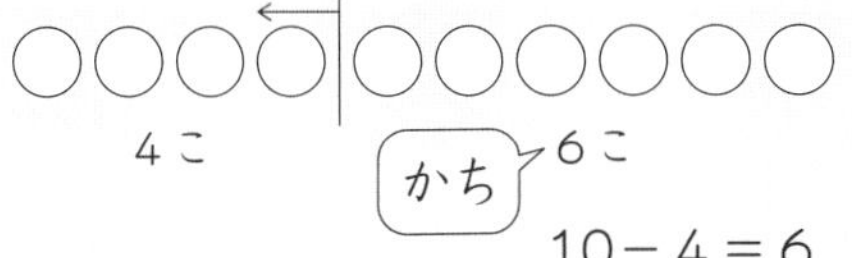

かち

10－4＝6

しきをかこう！

10－3＝7		10－1＝9
10－4＝6		10－2＝8
10－1＝9		10－3＝7
10－5＝5	⇒	10－4＝6
10－6＝4		10－5＝5
10－2＝8		10－6＝4
10－8＝2		
		10－8＝2

わかった

10からひくひき算をカードに書いて貼っていく。「他にも式はあるのかな」と言い，子どもたちが順番に式を並べられるように促していく。
並べていくうちに「次の式がわかった」などと言う子どもたちの発言を拾い，「どうして次の式がわかるの？」と問い返していくとよい。

4 次の式がわかった

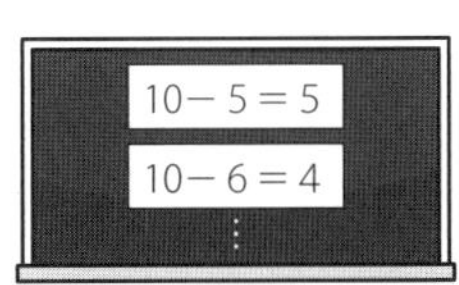

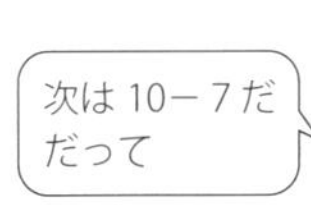

出てきた式を板書用のカード（移動できるもの）に書いていく。「他にも式はあるのかなあ」と子どもたちに問い，９この式を全部出していく。順番に並べ替えていくとよい。

楽しく習熟

10からひくひき算の習熟はとても大切である。
10－１＝9
10－２＝8
10－３＝7　などの10のひき算を，しっかりと覚えられるようにしていきたい。

しかし，ドリルの計算練習をくりかえすのではなく，楽しく習熟ができるようにしていきたい。本時ではくじを引いたが，じゃんけんゲームなど，各自工夫するとよい。

本時案

カードであそぼう

本時の目標

・カード遊びをすることを通して，被減数が10以下のひき算の練習をすることができる。

授業の流れ

1 カード取りゲームをしよう ※代表の子ども２人を前に出す

「先生が答えを言うので，その答えになる式をみつけて取ってね。一度に一人がもらえるカードは１枚だよ。では，やるよ。８！」

子どもは，10−２か９−１の式を取る。もう一度「８！」と言う。「もうないよ」という子どもの発言を聞き，「２まい」と板書する。

かあどとりげえむ

10−8	7−1	10−3
8−6	8−1	2−1
9−2	8−7	7−4
6−4	6−3	6−2
10−6	9−6	10−5
8−5	7−2	3−1
10−7	7−3	4−2
9−7	10−1	9−5
9−8	9−3	4−1

子どもたちは式を探すときにはじめはバラバラに探すだろう。数の並びに着目する発言があれば，式を順番に並べ替えていく。

2 答えが２の式をみつける ※代表の子どもはその都度変える

続いて答えが２になる式を探す。

答えが２になる式は，10−８，９−７，８−６，７−５，６−４，５−３，４−２，３−１の全部で８枚あるので，４回連続で「２！」と勢いよく言う。

3 答えが３の式，答えが７の式をみつける

答えが３の式は，10−７，９−６，８−５，７−４，６−３，５−２，４−１の全部で７枚。

答えが７の式は，10−３，９−２，８−１の全部で３枚ある。式を見て，「この間にも式がある」などということを子どもが言えば，どうしてそう思ったのかを聞く。

本時の評価

・被減数が10以下の減法の計算ができる。
・「答えと枚数をあわせると10になる」ことに気付くことができる。

準備物

・掲示用計算カード（裏にマグネット）
・子ども用の計算カード

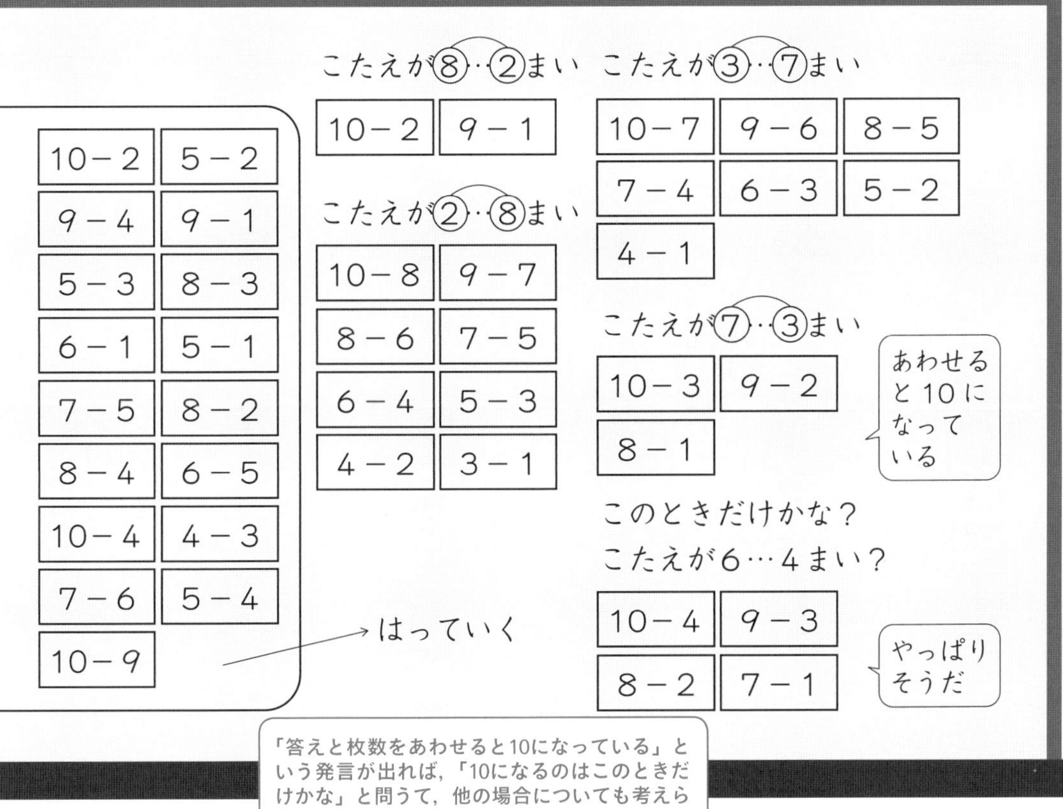

「答えと枚数をあわせると10になっている」という発言が出れば，「10になるのはこのときだけかな」と問うて，他の場合についても考えられるようにする。

4 気付いたことはないかな？

板書したところで，「答えと式の数を見て気付いたことはないかな？」と問う。

答えが 8 の式の数は 2 枚
答えが 2 の式の数は 8 枚

答えが 3 の式の数は 7 枚
答えが 7 の式の数は 3 枚

「答えと枚数をあわせると10になっている」ということに気付かせていきたい。

5 グループでゲームをする

最後は４人グループでゲームをする。読み手は順に交代する。読み手になったら「カードは取れない」などのルールは自分たちできめさせてもよい。

本時案

0のひきざん

本時の目標

・カードゲーム遊びを通して，0を式に用いる場面について考え，その意味を理解する。

授業の流れ

1 ゲームの説明をするよ
※先生と代表の子どもでする

「カードを4枚配るよ。その後，残りのカードを1枚めくるよ。めくったカードとマークの色が同じだったら，持っていたカードを前に出さないといけないよ。4枚のうち残ったカードが多い方が勝ちだよ」

おなじいろのかあどをだすよ

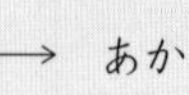

→ あか

はあと　だいや

→ くろ

すぺえど　くろおばあ

おなじいろのかあどをだす

2 ゲームの結果を式に書こう

4枚のうち3枚出したからのこった

「ハート2枚とダイヤ1枚とスペードを1枚持っているときに，めくったカードがハートなら，残りはスペードの1枚になるよ」

4－3＝1

3 全部なくなったときの式を書こう

「ハート2枚，ダイヤ2枚を持っているよ。うわあ，めくったカードがハートだ。全部なくなったよ」

「式に書いてみよう」

4枚持っていて，4枚なくなったときには，持っているカードがなくなる。残りが0になるという意味を考えさせる。「4－4＝0と書けるよ」

本時の評価

・0を含む減法の計算の意味を理解できる。

準備物

・トランプ
（グループに1つ）

1まいだすと
4－1＝3

2まいだすと
4－2＝2

3まいだすと
4－3＝1

4まいだすと
4－4＝0

1まいもださないと
4－0＝4

ほかのかずでもやってみよう
3－3＝0　1まいものこってない

5－0＝5　1まいもだしてない

ゲームのルールを確認する。
①1人4枚ずつトランプを配る
②自分でカードを1枚めくる
③めくったカードと同じ色のカードは出さないといけない
　スペードとクローバー　→　黒
　ダイヤとハート　→　赤
④残ったカードが多い方が勝ち

式の意味を理解して，0を含むひき算を式に表すことができれば，カードの枚数を変えて遊んでもおもしろい。ひき算の習熟にもつながる。

4　1枚もなくならない式を書こう

「ハート2枚，ダイヤ2枚を持っているよ。めくったカードはクローバーだ。やったぁ。1枚も出さなくていいよ」「式に書いてみよう」「4－0＝4と書けるよ」

※やり方がわかればグループで遊ぶ。ひく数が0になるときもあることを4－0＝4という式で表し，その意味がわかるようにする。

ふりかえり

カードの枚数を変えて，グループで遊ぶ。毎回ではなくてもいいので，子どもたちに遊びの結果をノートに式で書かせる。

カードの枚数を増やすばかりだと，なかなか0のひき算は出ないことが予想されるので，たまに1人に配るカードの枚数を2枚や3枚にするとよい。

カードゲームをした後に0のひき算を式に表すことが，この時間の子どもたちのふりかえりとなる。

本時案

ちがいはいくつ

本時の目標

・求差の減法を表している場面について，その意味を理解し，式に表して答えを求めることができる。

授業の流れ

1 犬とねこはどちらが何びき多い？

バラバラに貼る

掲示物の犬とねこが動かせるようにしておく。ただし，貼るときはバラバラに貼る。

そして，どちらが何匹多いのかを問う。そのとき，すぐに答えを言うのではなく，どうすれば比べられるかを考えさせる。

ちがいはいくつ

いぬが
3びきおおい

犬とねこをあえてバラバラに貼る。
子どもたちが「動かしたい」と言えば，「どうして？」と尋ねる。
そして，1対1対応させるよさを子どもなりの表現で引き出す。

2 どうすればすぐにわかるかな？

・犬とねこを上下に並べる
・犬とねこの上にブロックを置く
・犬とねこを線つなぐ

など，子どもたちから1対1対応させるアイデアを引き出したい。

3 式に表すとどうなるかな？

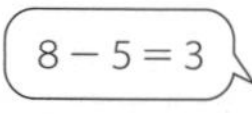

答えの3から予想して8－5＝3という式を言う子どもが多いはずである。そこで，それぞれの数について問うてみる。

T 「8ってなあに？」C「犬の数」
T 「5ってなあに？」C「ねこの数」
T 「じゃあ，犬からねこをひいたということかな？」
C 「あれ，おかしいよ」

本時の評価

・求差の減法を表している場面を式に表し，答えを求めることができる。

準備物

・犬の絵・ねこの絵
（動かせるように裏にマグネット）
・掲示用ブロック

しきにすると
8－5＝3

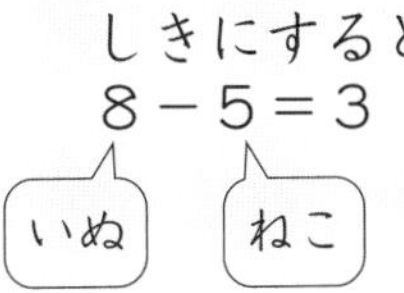

いぬからねこは
ひけないよ

このしきでいいの？
こたえはあっている
8－5＝3

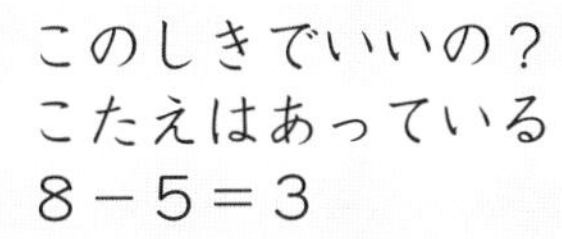

8－5＝3

いぬ　ねことおなじかずのいぬ

式に出ている数について，言葉でていねいに板書する。

4 8－5の意味を考えよう

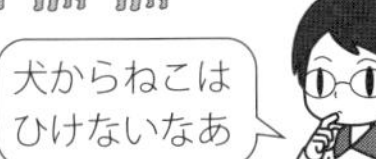

8は犬，5はねこを表しているとすると，犬からねこをひくことはできない。でも，答えは3びきであっている。

「ひけないのに，どうしてひき算を使うのか」について考えさせる。

ねこの数は5ひき，8ひきいる犬から，ねこと同じ数の犬をひいているから，8－5となっていることに気づかせたい。

統合する

どのように考えると，ちがいが3であることがわかるのだろうか。

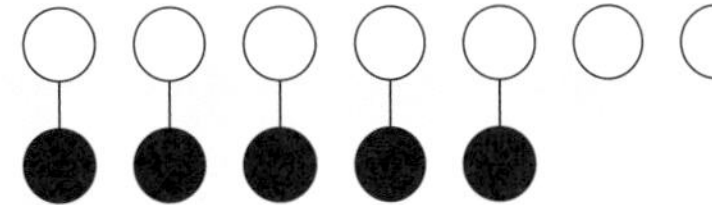

○と●のちがいを考えるとき，●の数と同じ数の○を取り除くと考えると同じになる。

そこでこの●を○の上に重ねてみる。

そうすると，今までのひき算と同じように考えることができる。

本時案

もんだいを つくろう

8/9

本時の目標

・求差の減法を表している場面の問題を作ることができる。

授業の流れ

1 ちがいを求める問題を作ろう

バラバラ
わかりにくい
問題を
作ろう
うごかし
ていい？

黒板上に準備した絵（赤い風船の絵10個・白い風船の絵６個，男の子の絵９個・女の子の絵４個）を貼る。

※バラバラに貼るとおもしろい。

「この絵を見て『ちがい』を求める問題を作ろう」と問いかける。

ちがいはいくつ

ばらばらだと
わかりにくい

2 どうしてそろえているの？

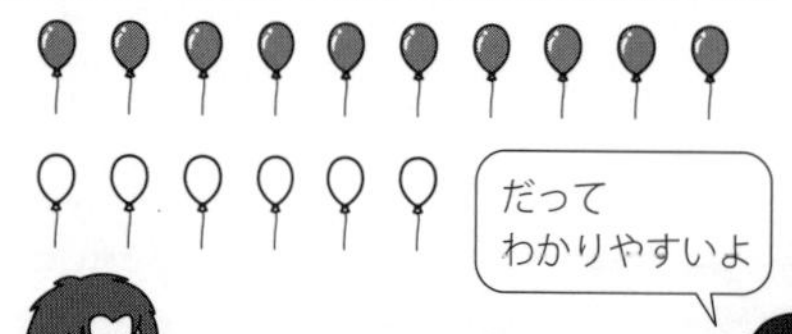
だって
わかりやすいよ

どうして
そろえたの？

バラバラに貼っていると，子どもたちは並べ替えたり，はしをそろえたくなったりする。子どもたちが動き出したら，「どうして，並べ替えようと思ったの？」「どうしてそろえようと思ったの？」と聞いてみるとよい。

3 絵を見て問題文を作ろう

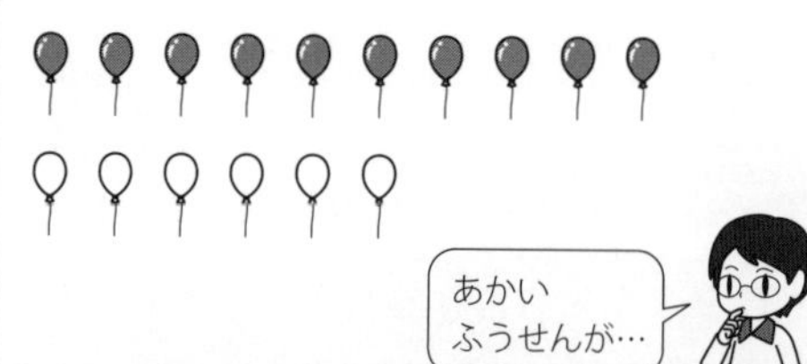
あかい
ふうせんが…

絵を見て問題文を作る。

例）赤い風船が10個あります。白い風船が６個あります。どちらがどれだけ多いですか。

例）男の子が９人います。女の子が４人います。どちらが何人多いですか。

本時の評価

・求差の減法を表している場面の問題を作ることができる。

準備物

・赤い風船の絵10個
　白い風船の絵６個
・男の子の絵９個
　女の子の絵４個　など

もんだいをつくろう！
えをみてもんだいづくり

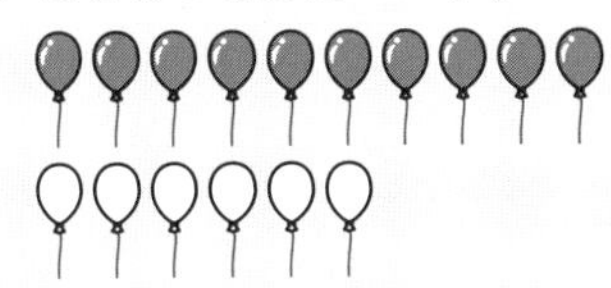

あかいふうせんが10こあります。
しろいふうせんが6こあります。
どちらがどれだけおおいですか。

しきをみてもんだいづくり

7－5

かまきりが7ひきいます。
ばったが5ひきいます。

こどもたちは、ノートにつづきを自分で考えてかく

絵を見て問題文を作る力と，式を見て問題文を作る力はちがう。このことを意識して，どちらにも取り組ませる。

時間があれば自由に問題を作って，友だちと問題を解き合う時間をとる。

4 式を見て問題文を作ろう

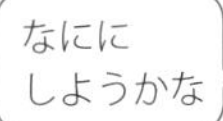

T 「7－5になる問題を作ってみよう」
C 「カマキリが７匹います。バッタが５匹います。どちらが何匹多いでしょう」

次の時間には，子どもたちが作った問題で絵本を作ることを伝えておく。

そろえる

算数の時間には，子どもたちに育みたい見方・考え方がある。この時間には，子どもたちに「そろえる」ことのよさを意識させたい。子どもたちが意識して「そろえる」という考えを出したら，しっかりと価値付けたい。

バラバラだとわかりにくいが，そろえるとわかりやすい。１年生の時から，整理するよさを感じさせておくとよい。

本時案

ひきざんのえほんをつくろう

9/9

本時の目標

・2通りの減法の意味（求残・求差）を考えて絵本を作ることができる。

授業の流れ

1 ちがいを求めるひき算のお話の絵本を作ろう

りんごが5こあります。オレンジが3こあります。どちらがなんこおおいでしょう。

T「これを絵本にしてみよう」

①表紙　ちがいはいくつ？
　　　　5－3のえほん

②りんごが5この絵

③オレンジが3この絵

④式と答え

子どもの実態に合わせて問題文も付ける。

ひきざんのえほんをつくろう

ちがいはいくつ？

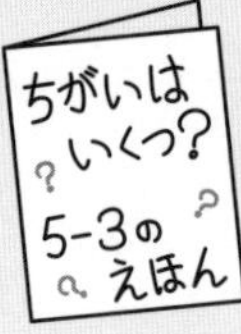

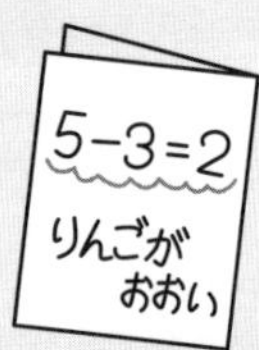

「ちがいはいくつ？」の絵本が早くできた子どもには「のこりはいくつ？」の絵本にも取り組ませる。

2 どんな絵本にするのかな？

すぐに書き始める前に，「ちがい」を求める問題になっているか確認をする。

T「どんな絵本にするのかな」

C「ぼくはカブトムシとクワガタをかくよ」

C「わたしはいちごを食べる絵をかくよ」

T「それは『ちがい』のひき算かな？」

C「いや，『のこり』を出すひき算だよ」

3 「ちがい」と「のこり」のひき算について考えよう

イチゴを食べたときのお話は「のこり」のお話だ

C「いちごを食べるお話だと，表紙は『ちがいはいくつ？』だとおかしいよ」

C「食べてなくなったときは表紙に『のこりはいくつ？』と書いた方がいいよ」

本時の評価

・求残と求差の場面の違いを考えて，絵で表すことができる。

準備物

・画用紙

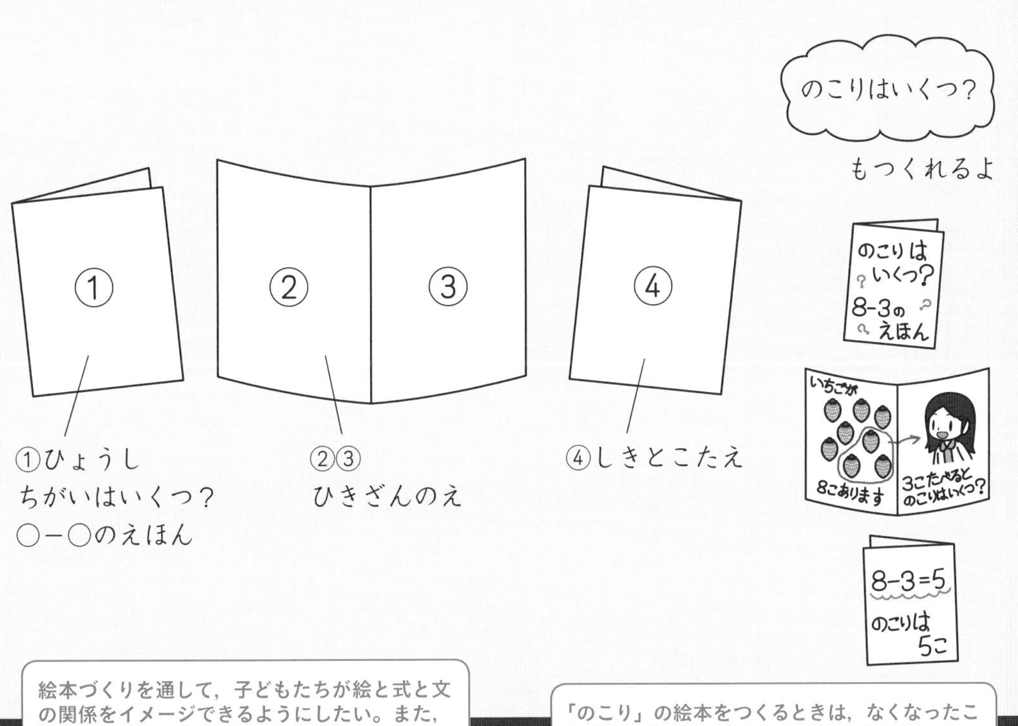

①
②
③
④
①ひょうし
ちがいはいくつ？
○－○のえほん
②③
ひきざんのえ
④しきとこたえ
のこりはいくつ？
もつくれるよ
のこりは
いくつ？
8-3の
えほん
いちごが
8こあります
3こたべると
のこりはいくつ？
8-3=5
のこりは
5こ

絵本づくりを通して，子どもたちが絵と式と文の関係をイメージできるようにしたい。また，求差と求残の意味についても考えさせたい。

「のこり」の絵本をつくるときは，なくなったことがわかるように表すための工夫を考える。

4 残りを求めるひき算のお話の絵本も作ろう

T「『残り』のお話の絵本も作ることができるね。そのときの表紙は『のこりはいくつ？』になるね。時間があれば作ってみよう」

① 表紙　のこりはいくつ？

　　　　7－3のえほん

②③ いちごが7こと3こ食べてなくなっている絵

④ 式と答え

同じ式でちがうお話

例えば8－3　の式になる絵本を作る。

求差と求残の2通りの問題を作ることにチャレンジする。同じ式なのにちがう意味のお話ができることを1年生にも感じさせたい。

いちごが8こあります。おさらが3まいあります。どちらがいくつおおいですか。

いちごが8こあります。3こたべました。いくつのこっていますか。

5 ながさくらべ （4時間扱い）

単元の目標

・長さを比べる方法を考え，具体的な操作によって直接比べたり，他のものを用いて比べたり，いくつ分かで表したりすることができる。

評価規準

知識・技能	①長さを具体的な操作によって直接比べたり，他のものを用いて比べたり，いくつ分かで表したりすることができる。
思考・判断・表現	②長さを比べる方法を考えることができる。
主体的に学習に取り組む態度	③長さに関心をもち，進んで比べることができる。

指導計画 全5時間

次	時	主な学習活動
第1次 直接比較と間接比較	1	いろいろなものの長さの比べ方を考え，比べる。
	2	紙テープを使っていろいろなものの長さを比べる。
第2次 任意単位を用いての測定	3	机のたてと横の長さの差を求める方法を考え，同じ大きさのもののいくつ分かで表す。
	4	輪かざり作りをしながら，同じ大きさのもののいくつ分かで長さを比べる。

単元の基礎・基本と見方・考え方

長さを比べるには，「直接比較」，「間接比較」，「任意単位を用いての測定」をする。この長さくらべにおける見方・考え方は，まず，どのようにしたら比べることができるか，比べる時に気をつけることは何かなどを考えることである。

⑴直接比較

２つのものの長さを比べるには，はしをそろえたり，まっすぐにして比べたりすることが重要である。このような比較の仕方は，一方の端をそろえて直接比べるので，直接比較ともいわれている。長さくらべは，子ども達が日常的によく行っている。例えば「お隣りのお友だちと鉛筆の長さを比べましょう」と言うと，子ども達は，すぐに机に鉛筆を立てて比べるだろう。だが，この時，子ども達が「はしをそろえないといけない」と認識しているかというと定かではない。また，紙テープなどの長さを比べる時には，「はしをそろえる」ことに加え，紙テープをぴんと伸ばさないといけない。これらのことを子ども達が気づいていけるように問題を提示していく必要がある。

⑵間接比較

折ることができないものや大きいものの長さを比べる時には，紙テープなどを使う。これは，仲介物を使うことから，間接比較という。例えば大掃除の場面を想定し，「先生の机は，ドアから出るかな」と問う。子ども達は，初めは，手を広げて調べようとするが，それだと正確に比べることができない。そこで，紙テープを使って比べられないか考えさせていく。紙テープを使うと，動かせないものも簡単に長さを比べることができる。また，それらを黒板に貼ると，たくさんのものの長さを比べることができるということにも気づかせていきたい。さらに，この活動は，今後の巻き尺の学習にもつながってくる活動なので，時間を十分取って，活動させていきたい。

⑶任意単位を用いての測定

長さを「直接比較」や「間接比較」した場合は，長さを比較しただけであり，測定したわけではない。「測定する」ということは，簡単に言うと，「量を数値化する」ということである。例えば机のたてと横の長さの比べ方を考えさせたとする。その際，「横の長さは，縦の長さよりどれだけ長いか」と違いを問うようにする。すると，間接比較で使った紙テープでは，「どれくらい違うか」を表すのが難しくなる。それをわかりやすく表すには，長さを数値化して表さなければならない。そこで，何か小さいものを使うと，長さを数値化して表すことができるということに気づかせていく。だが，子ども達は，初めは，「同じ大きさの」小さいものという意識はない。まずは，子ども達がどのようにするのか様子を見た上で，「どうしたらいいのか」を考えさせ，「同じ大きさの小さなもの」を共通単位として用い，その「いくつ分」として長さを表すことを確認していくようにする。

さらに，任意単位を用いての測定では，「鉛筆の何本分」「数え棒の何本分」など，もとにするものを明確にすることも「見方・考え方」を育てる上で大切になってくる。

そして，本事例の最後の「輪かざり作り」では，これまでの「直接比較」「間接比較」「任意単位を用いての測定」で学んだことを全て活用していることを，統合的にとらえられるようにしていきたい。

本時案

どちらがながい①

本時の目標

・いろいろなものの長さの比べ方を考え，比べることができる。

授業の流れ

1 どちらが長いかな

えんぴつはどちらがながいかな
左のえんぴつの方が長い
画用紙にかくれているからわからないよ

2本の鉛筆の先を画用紙で隠し，提示する。

子どもの中には，見たまま「左の方が長い」と言う子どもがいる。その子どもの考えを，まずは「そうだよね」と認める。すると，「端が画用紙で隠れているから，このままでは比べられない」という子どもが出てくる。

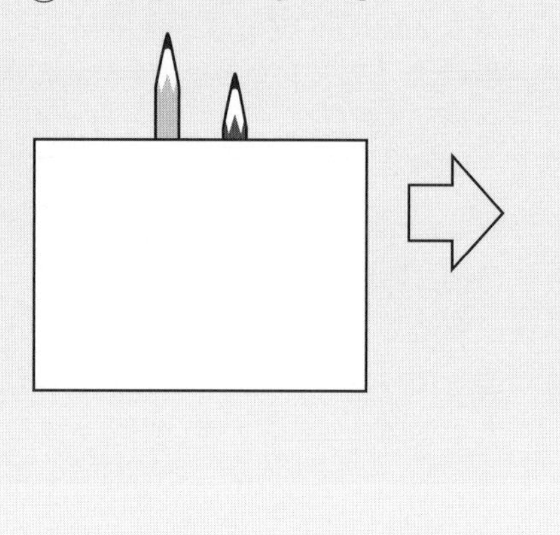

1 どちらが長いかな。
①えんぴつのながさ

2 どのように比べたらいいかな

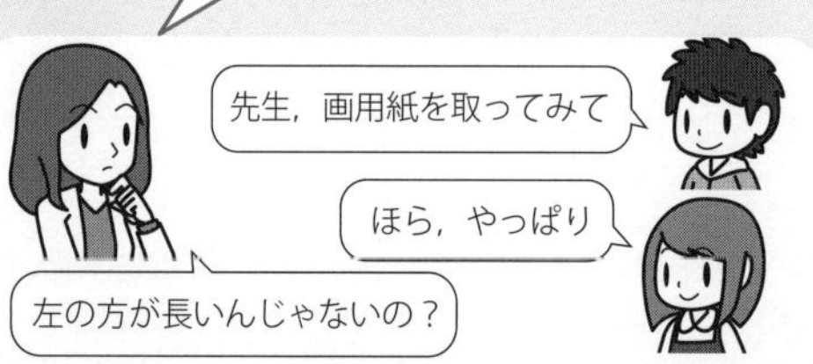

先生，画用紙を取ってみて
ほら，やっぱり
左の方が長いんじゃないの？

子ども達は，画用紙の下が見たくなるだろう。「先生，画用紙を取ってみて」という声が上がったら，画用紙を取る。すると，子ども達から「ほら，やっぱり」という声が上がる。「左の方が長いんじゃないの？」とあえて聞くと，「違う，違う」「端をそろえればいいよ」と，子ども達から比べ方が出される。

3 テープの長さはどちらが長いかな

2本のひもを提示する。まずは，「端がそろっていない」と，子ども達は言うだろう。

端をそろえて，提示し直す。だが，子ども達は，「まだだめ」「ぴんと伸ばさないと比べられない」と言う。その言葉を受けて，実際に伸ばして比べてみる。

本時の評価

・いろいろなものの長さの比べ方を考え，比べることができる。

準備物

〈提示用〉鉛筆２本，画用紙，テープ２本，B５の紙
〈児童用〉B５の紙

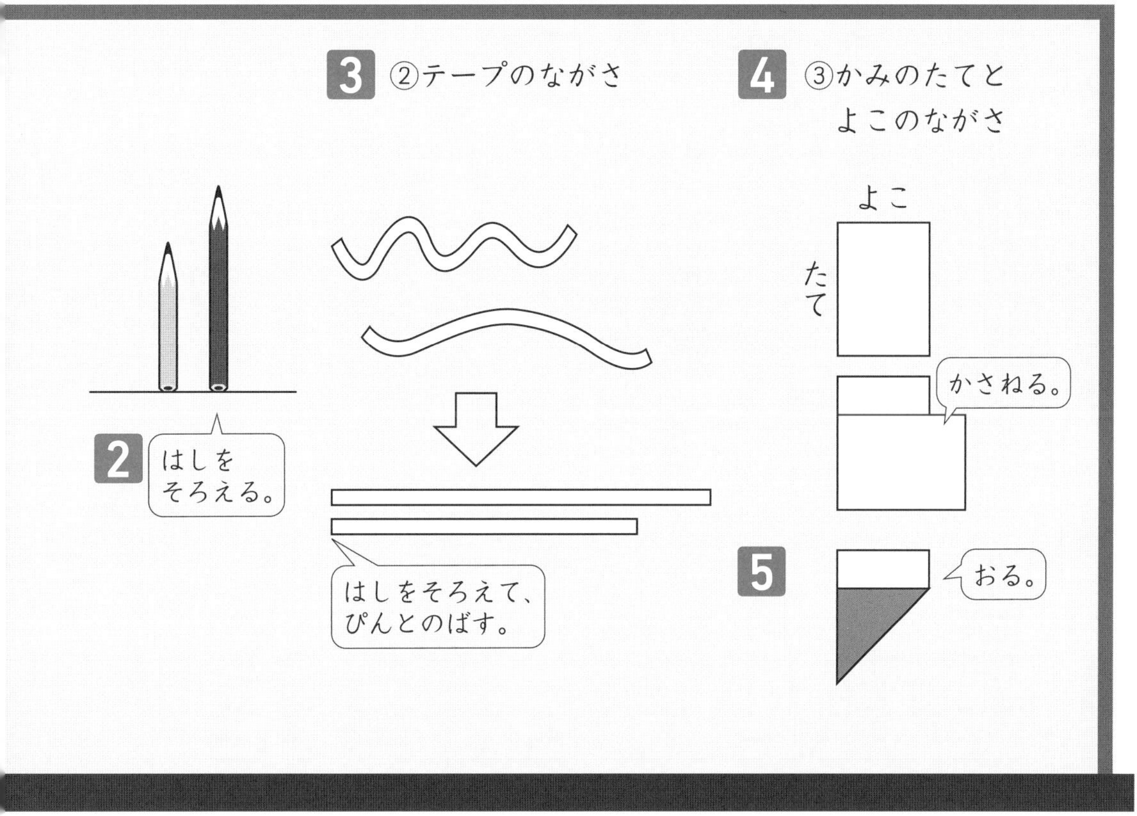

2 はしをそろえる。

3 ②テープのながさ

はしをそろえて、ぴんとのばす。

4 ③かみのたてとよこのながさ

よこ

たて

かさねる。

5 おる。

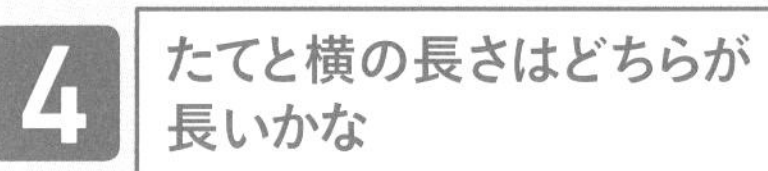

4
たてと横の長さはどちらが長いかな

紙のたてと横の長さはどちらが長いかな
見たかんじだと，たてかな
重ねてみたらどうかな

一人１枚の紙を渡し，たてと横の長さは，どちらが長いか問う。子ども達は，まず見た目から「たて」と判断するだろう。その後，「どのようにしたら比べられるか」を問う。子ども達の中には，隣りの友だちと重ねて比べる子どももいるだろう。まずは，その方法で比べさせる。

他の方法でも比べられるかな
折ってできそう
折るの？　どうやって？

重ねて比べる方法を理解したら，折って比べる方法を取り上げる。子ども達の中には，この方法を理解できない子どももいるので，一緒に折るなどして，丁寧に扱っていきたい。

本時案

どちらがながい②

2/4

本時の目標

- 間接比較の方法を考え，比べることができる。
- 紙テープを使っていろいろなものの長さを調べる。

授業の流れ

1 どちらが長いかな

本のたてと横の長さはどちらが長いか

本はおれないね

1冊しかないから重ねられないね

前時の続きとして，1冊の本のたてと横の長さの比べ方を考えさせる。1冊の本なので，前時の比べ方ではできないことを確認する。そして，何かを使ったり，印をつけたりして比べる間接比較を考えさせていく。

1 どちらがながいかな。

①本のたてとよこのながさ

さんすう
おれない。
かさねられない。

2

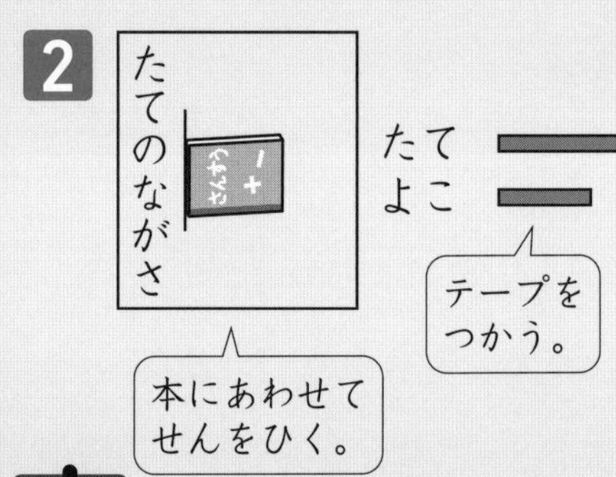

たてのながさ
たて
よこ
テープをつかう。
本にあわせてせんをひく。

2 どのように比べたらいいかな

どのように比べたらいいかな

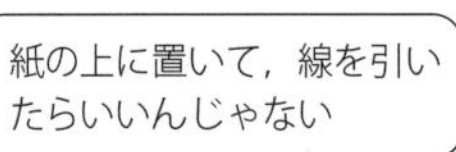

紙の上に置いて，線を引いたらいいんじゃない

テープを使ったらどうかな

子ども達から出された比べ方で，実際に比べさせる。比べさせているうちに，「線をひかなくても紙のはしに印をつければいいよ」「テープは2本使わなくても1本のテープに印をつければいいよ」などと言うかもしれないので，その場合は，取り上げる。

3 先生の机とドアの幅はどちらが長い？

先生の机はドアから出すことができるかな？

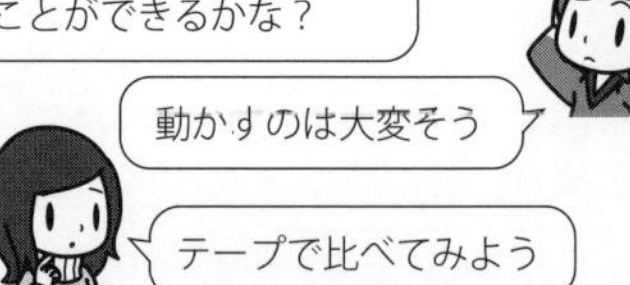

動かすのは大変そう
テープで比べてみよう

教師用の机をドアから出せるかを問う。実際に動かして比べるのは大変なので，本の時にように，テープで比べるという考えを引き出す。

また，この時には，2本のテープを使わなくても1本でできないか考えさせ，1本のテープに印をつけて比べさせる。

本時の評価

・間接比較の方法を考え，比べることができる。
・紙テープなどを使って比べる間接比較の方法のよさに気づくことができる。

準備物

〈提示用〉本１冊，写し取る紙，紙テープ
〈児童用〉１ｍの紙テープ

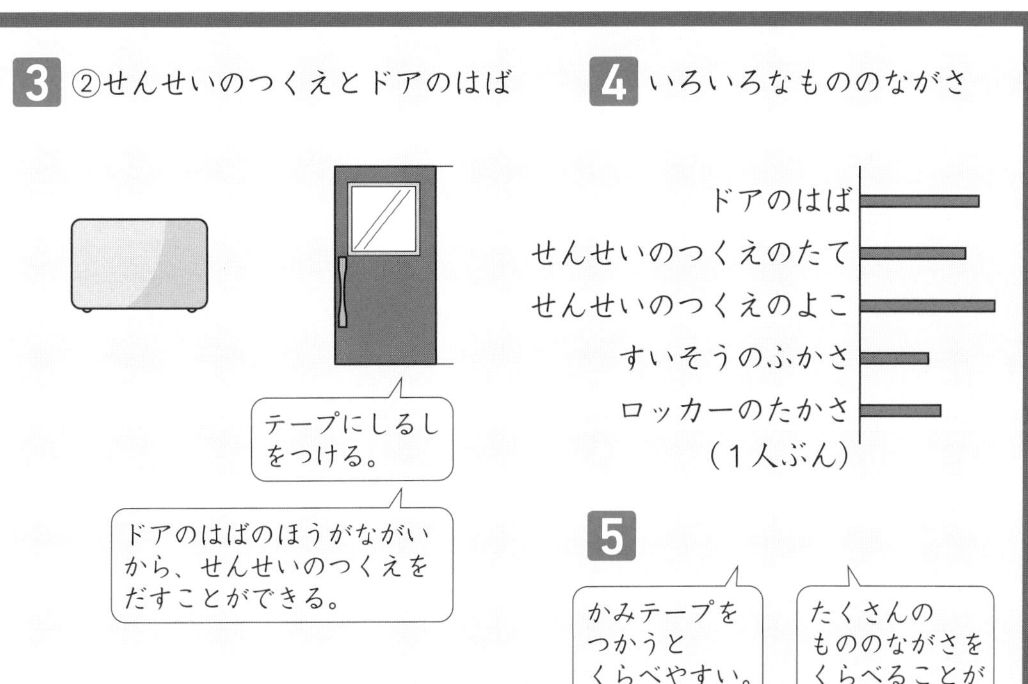

3 ②せんせいのつくえとドアのはば
テープにしるしをつける。
ドアのはばのほうがながいから、せんせいのつくえをだすことができる。
4 いろいろなもののながさ
ドアのはば
せんせいのつくえのたて
せんせいのつくえのよこ
すいそうのふかさ
ロッカーのたかさ
（１人ぶん）
5
かみテープをつかうとくらべやすい。
たくさんのもののながさをくらべることができる。

4 いろいろなものの長さを調べよう

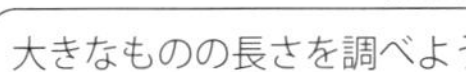

テープを使っていろいろなものの長さを調べましょう
楽しそうだな
大きなものの長さを調べよう

１人１ｍの紙テープを１本渡す。それを使って長さ比べをすることを知らせる。テープに印をつけさせたら，「つくえ」「ドア」などと，簡単に記録をさせておくと，あとで何を調べたかがわかりやすくなる。

間接比較のよさを実感させることができるよう活動の時間を十分に取るようにする。

5 いろいろなものの長さをくらべよう

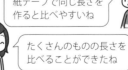

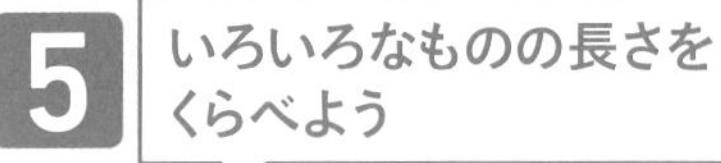

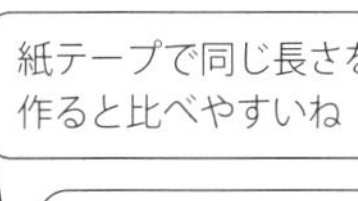
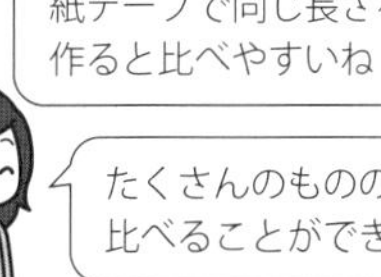

自分が調べたものの長さを発表しましょう
紙テープで同じ長さを作ると比べやすいね
たくさんのものの長さを比べることができたね

自分が調べたものの中から一つ発表させる。紙テープで同じ長さを作って比べると，比べやすかったり，それを黒板に掲示することにより，たくさんのものの長さを比べたりすることができることにも気づかせていきたい。

本時案

どちらがながい③

本時の目標

・同じ大きさのもののいくつ分かで比べることを理解し，比べることができる。

授業の流れ

1 机の横の長さは縦よりどれだけ長いかな

自分たちの机のたてと横の長さを比べさせる。初めは，紙テープで調べたことを思い出し，その違いを言う子どももいるだろう。その方法も認めながらも，それでは，違いがわかりにくいので，「長さを数で表すことはできないかな」と紙テープを使わないで調べる方法を考えさせる。

2 どのように比べたらいいかな

子ども達から出された比べ方で，実際に比べさせる。まずは，全員で指を広げていくつ分かで比べる方法をするのがいいだろう。そして，「ちゃんと指を広げないといけない」などの声が聞こえてきたら取り上げる。

5－3＝2という式も確認する。

3 鉛筆の何本分かで比べよう

あれ，同じ本数になった
ちがう長さのえんぴつだからだよ

「鉛筆の何本分かで比べよう」と言うと，筆箱の中にある鉛筆を全て取り出して並べる子どもが必ずいる。まずは，自由に活動させるが，その後，長さの違う鉛筆を並べた写真を提示し，これでは比べられない理由を考えさせる。そして，同じ長さのもので比べないといけないという考えを引き出す。

本時の評価

・任意単位を用いて，そのいくつ分かで比べることができる。

準備物

〈提示用〉テープ，違う長さの鉛筆を置いた写真

〈児童用〉鉛筆，数え棒，同じ長さの紙など

2 ながさをかずであらわそう。

ゆびをひろげてくらべる。

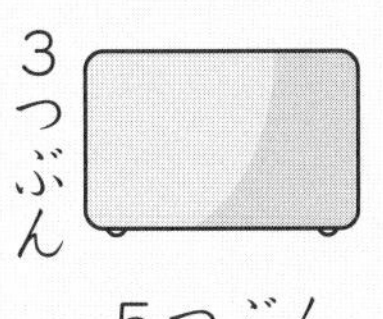

5－3＝2
ちがいは、
ゆびをひろげた
ながさの
2つぶん。

3 えんぴつのなん本ぶんかでくらべる。

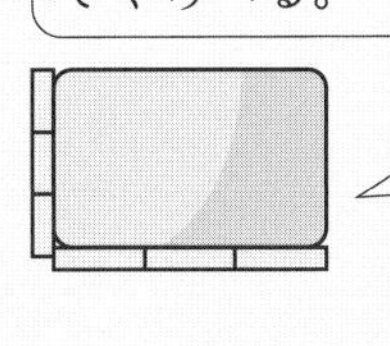

ちがうながさのえんぴつでは、くらべられない。

5

1本のえんぴつのなん本ぶんかくらべる。

たては2本ぶんとちょっと、
よこは4本ぶんとちょっとだから、
4－2＝2　ちがいは、
えんぴつの2本ぶんぐらい。

4 おなじながさのもののいくつぶんかでくらべる。

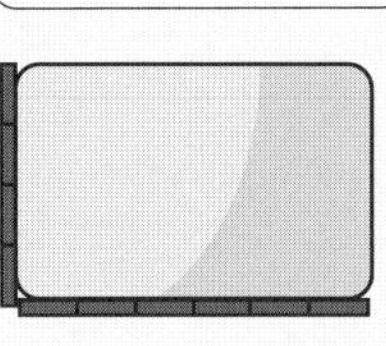

たては4つぶん、
よこは6つぶん
だから、6－4＝2
ちがいは、かみの2つぶん

4 同じ長さのもののいくつ分かで比べよう

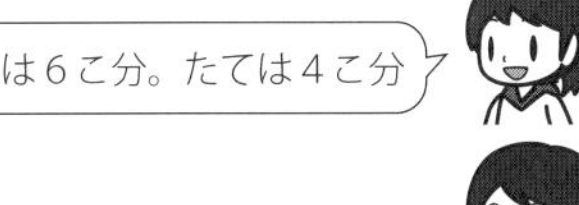

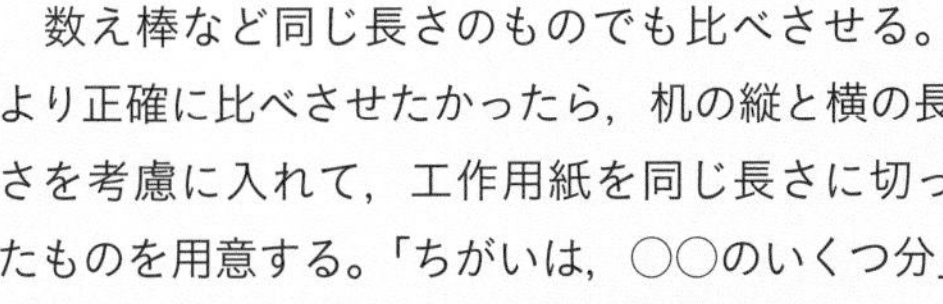

数え棒など同じ長さのものでも比べさせる。より正確に比べさせたかったら，机の縦と横の長さを考慮に入れて，工作用紙を同じ長さに切ったものを用意する。「ちがいは，○○のいくつ分」というように，もとにするものを明確にする。

5 1本の鉛筆の何本分かで比べよう

えんぴつ1本のいくつ分かな
私の鉛筆だとたては，2本分とちょっと，よこは4本分とちょっと
ちがいは，鉛筆2本分ぐらいだね

同じ長さの鉛筆は数多くないことを確認し，自分の持っている鉛筆1本で比べさせるようにする。ぴったりにはならないが，はしたは除いて，何本分かのところで比べさせるようにする。

本時案

どちらがながい④

4/4

本時の目標

・わかざり作りを通して，同じ大きさのもののいくつ分かで比べることができる。

授業の流れ

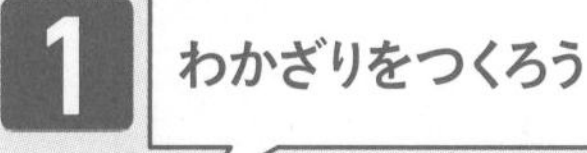
1 わかざりをつくろう

グループ毎にわかざりをできるだけ長く作りましょう

よし，たくさんつなげよう

お楽しみ会の飾りのために，「わかざりをつくろう」と提案する。折り紙を短冊に切ったものを準備し，「グループ毎にわかざりをできるだけ長く作ろう」と言う。まずは自由に活動させる。

10枚ぐらいつなげられた頃を見計らって一度止め，黒板に貼る。

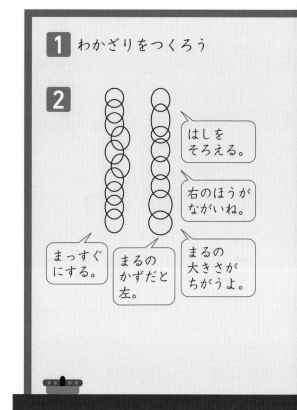

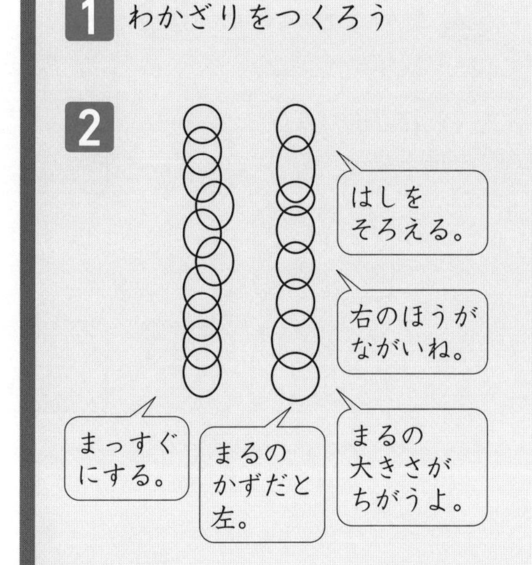
1 わかざりをつくろう
2
はしをそろえる。
右のほうがながいね。
まっすぐにする。
まるのかずだと左。
まるの大きさがちがうよ。

2 どのグループが長いかな

どのグループが長いかな
はしをそろえよう
丸の数だと…
丸の大きさがちがうよ

子ども達は，今までの学習を振り返って比べ方を言う。だが，長さだけで決めるのは不服に思う子どももいる。なぜなら，丸の数では勝っているからである。そこで，できるだけ丸の大きさをそろえた方がいいことを確認する。

3 丸の大きさが違う理由を考えよう

どうして丸の大きさが違ってしまうのでしょう

紙の長さは同じだよね

のりをつける長さが違う

丸の大きさが違う理由を問うと，「のりをつける長さが違う」という声が上がってくる。

実際にのりをつける長さ（のりしろ）を変えて丸を作り，丸の大きさが違ってくることを実感させる。

本時の評価

・任意単位を用いるよさを実感しながら，そのいくつ分かで比べることができる。

準備物

〈児童用〉折り紙を短冊に切ったもの，のり

3 どうしてまるの大きさがちがっちゃうの？

4

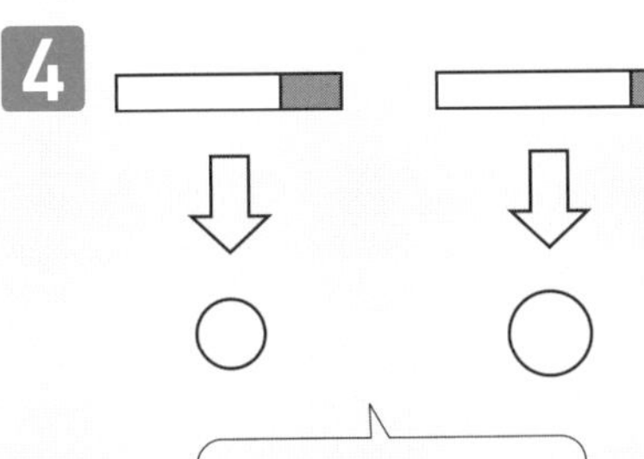

のりをつけるながさがちがう。

5 どのグループが長くできたかな？

こくばんにはれない。

もったらこわれそう。

まるのかずでくらべよう。

1はん	20こ
2はん	22こ
3はん	18こ
4はん	30こ
5はん	25こ

4はんがながかったね。

4 のりをつける長さに気をつけて作ろう

のりをつける長さに気をつけて長く作りましょう
ようし，長くしよう

のりをつける長さ（のりしろ）は，スティックのりの幅で塗らせるようにするといい。

活動の時間をたっぷりととり，協力して，長く作る楽しさを味わわせるようにしたい。

5 どのグループが長くできたかな

どのグループが長くできたでしょう
長すぎて，黒板にはれないね
丸がいくつ分かで比べよう

出来上がる。そうなると，黒板に貼ったり，持って歩くのも難しくなってくる。そこで，「丸の数で比べればいい」という意見が出され，任意単位を使う方法のよさを実感させることができる。

6 せいり（表とグラフ） （2時間扱い）

単元の目標

・ものの個数を絵や図などを用いて表す方法について理解し，データの個数を簡単な絵や図に見やすく整理する方法を考える力やデータを読み取る力を養うとともに，日常生活の中で変化する数を整理して表そうとする態度を養う。

評価規準

知識・技能	①ものの個数を種類ごとに整理して，絵グラフなどを用いて表したり読み取ったりすることができる。
思考・判断・表現	②ものの個数を把握するために整理する方法を考えたり，データの個数に着目し，身の回りの事象について簡単な絵や図を用いて特徴を捉えたりしている。
主体的に学習に取り組む態度	③身の回りにあるいろいろな数に興味をもち，整理して数えようとしたり，絵グラフなどを用いて表したりして，そのよさを感じながら学ぼうとしている。

指導計画 全2時間

次	時	主な学習活動
第1次 ものの個数を絵や図を用いて整理して表す	1	絵カードを種類ごとに分けて，整理する方法を考える。
	2	3つのグラフを見て，考えたことを表現する。

単元の基礎・基本と見方・考え方

(1)絵や図を用いた数量の表現

子どもたちは１対１対応について学び，２つのものの大小について，その比べ方は理解している。しかし，数えたり比べたりするものの種類がいくつもあるときに，どうすればよいのかについては未習である。ものの個数を比べるときには，まず，分類整理することが大切になる。１時間目では，バラバラに置かれた動物の絵（ライオン，パンダ，キリン，リス）を動物の種類ごとに並べ替えて，そろえていく。これまでは２つのものの対応だったものを，３つ以上のもので対応させることで，資料の最大値や最小値が明確になっていく。バラバラに提示した絵カードを整理した時に数の関係がわかりやすくなることに気付かせていきたい。

ものの個数を比べるときには，端をそろえて１対１対応させていかなければならない。しかし，それぞれの絵の大きさがちがえば，端をそろえても数量の関係が捉えにくくなる。例えば，りんごといちごでは大きさがちがうので，同じ数の絵を端から並べていくと，りんごの方がグラフ上で高さが高くなる。

つまり，対象を絵などに置き換えるときには，それぞれの絵の大きさを同じ大きさにそろえたり，並べるときに均等に置いたりすることが必要になる。このことも子どもたちに考えさせていきたいので，１時間目では，はじめから絵の大きさを同じ大きさにするのではなく，キリンやライオンの絵は大きくして，リスの絵は小さくするとよい。

(2)絵グラフの特徴を捉える

この単元は「D データの活用」領域である。学習指導要領の（イ）思考力，判断力，表現力等　のねらいでは「データの個数に着目し，身の回りの事象の特徴を捉えること」と示されている。子どもたちの生活にある題材を使って教材を作っていくことも考えられる。その際，題材を絵などを用いて整理して表現し，どの項目が多くて，どの項目が少ないのかなど，絵グラフから特徴を捉えられるようにしていきたい。また，同じデータでも整理する観点によって並び方を変えると，同じデータでも絵グラフが変わり，見えてくる特徴が変わってくる。

２時間目の本時案では，男女全員のデータを集めたときには，見たい動物は「パンダ８人，リス８人」となり，「パンダとリスが一番人気」という特徴があることがわかる。このデータを男女別に並べ替えてみると，また，それぞれの特徴がわかるという流れにしてある。これはあくまで例なので，それぞれの実態に合った活動を仕組むとおもしろい。全体のデータと部分のデータでは見えてくるものがちがってくるという活動を１年生のうちから経験させておくことも大切である。

本時案

どのどうぶつが にんきがあるのかな

1/2

本時の目標

・絵カードを種類ごとに分類整理して表す方法を考える。

授業の流れ

1 ばらばらに置いて提示する

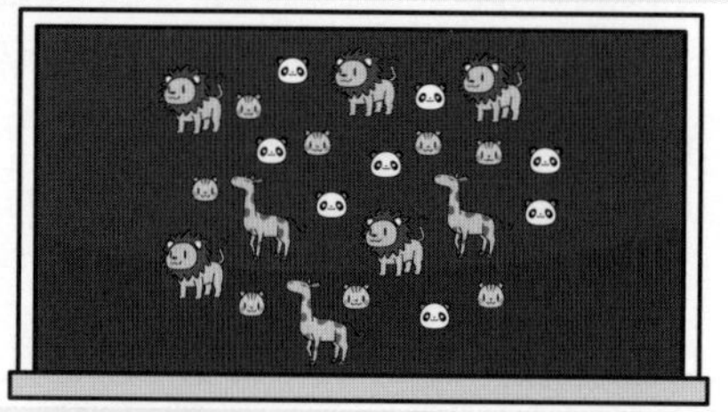

子どもに事前に「ライオン，パンダ，キリン，リス」の中でどの動物が見たいかを選び，その動物の絵を描いてもらっておく。裏には子どもの名前を書いておく（2時で使う）。

その絵カードをわざとばらばらに貼り，数がすぐにわからないようにしておく。そして，「どの動物が人気があるのかな」と問う。

どのどうぶつが

絵カードをばらばらにする

1

「並べかえるとよい」という考えを出させるために，わざとばらばらに置いて提示する。

2 このままだとわかりにくいよ

「ばらばらに貼ってあるからわかりにくい」のような子どもの発言が出れば，「じゃあどうすればわかりやすくなるのかな」と問い返す。そうすることで，「並べかえるといいよ」という考え方を引き出す。

3 ライオンが 1 番人気があるね

子どもたちが描いた動物の絵の大きさはそれぞれちがうはずである。この絵を同じ種類ごとに並べるのだが，わざとはしをそろえなかったり，すき間を多くとったり，1対1対応しないように置いたりする。そして，「ライオン（1番人気でない動物）が1番人気があるね」と言い，「そんなことないよ」という子どもの言葉を引き出し，「どうしてそう言えるの」と問う。子どもたちはどのように並べるとよいかを考えていく。

本時の評価

・「はしをそろえる」「線でつなぐ」のように，1対1対応させて数を比べることができる。

準備物

・子どもが描いた動物の絵カード（裏にマグネット）
※カードの裏には記名し男女がわかるようにしておく

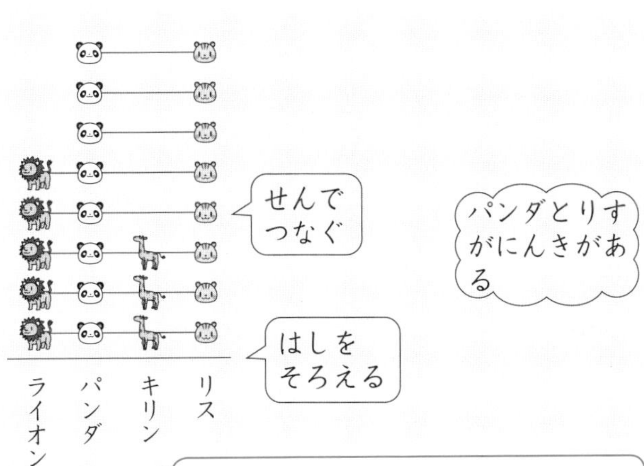

「はしをそろえるとよい」という考えを出させるために，わざとはしをそろえずに提示する。

分類整理した後に，このクラスではどの動物が人気があるのかという特徴を，子どもたちと話し合うことも大切である。

4 はしをそろえるといいよ 線でつなぐといいよ

子どもたちはそれぞれの動物のはしをそろえたり，線でつないだりして，動物を1対1対応させていくだろう。この考え方を板書し，このようにすると3つ以上のものもすぐに比べることができるよさに気付かせていく。

ポイント

いくつかの種類のものを比べるときは，種類ごとに分類整理すると比べやすくなる。さらにそれぞれの絵を1対1対応させることも大事である。数を数えて比べることもできるが，整理して並べれば，一目で数量の大きさを比べることができる。分類整理したときのよさを子どもたちに実感させたい。

もう一つ大切なのは，分類整理した結果，どのような特徴があるのかを考えさせることである。

本時案

1ばんにんきのどうぶつは？

本時の目標

・3つのグラフを比べて，それぞれの特徴について考えることができる。

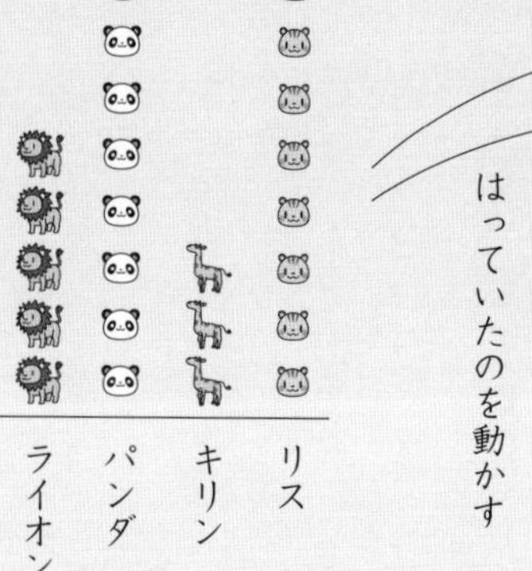

前時の絵グラフを貼っておき，男女のグラフを作った後，○などの記号を使って全体のグラフを表す。

授業の流れ

1 パンダとリスはどっちが1番人気があるのかな

前時で調べた結果を見て「ライオン5人，パンダ8人，キリン3人，リス8人」を振り返る。

そして，「パンダとリスはどっちが1番人気があるのかな」と言い，「男子と女子で人気がちがうかもしれないね」と教師が言う。

2 男子だけで調べてみよう

どうすれば男女別の人気がわかるのかを尋ねると，男子と女子で分けて調べるとよいというアイデアが出るはずである。そこで，男子だけを並べて比べてみる。

3 女子も並べてみよう

女子の見てみたい動物も1対1対応させて並べ替えてみる。動物の絵を動かすと，もともとあった絵グラフがなくなる。そこで，それぞれの動物を○のように記号で表し，記号で表すよさを味わわせる。

本時の評価

・３つのグラフを見て，どの動物が人気なのかについて考え，自分の意見を表現することができる。

準備物

・１時で使った動物の絵カード

？

（だんし）

ライオンは
だんしに
にんき

ライオン　パンダ　キリン　リス

パンダはどちらにもにんき

（じょし）

りすはじょし
ににんき

ライオン　パンダ　キリン　リス

「男子にも女子にもリスが人気があるのか」について考えられるように板書しておく。

（全体）
ライオン…５，パンダ…８，キリン…３，リス…８
（男子）
ライオン…４，パンダ…４，キリン…２，リス…２
（女子）
ライオン…１，パンダ…４，キリン…１，リス…６
というカードにしておくと，意見が出やすい。

4 ３つを見てどんなことがわかる?

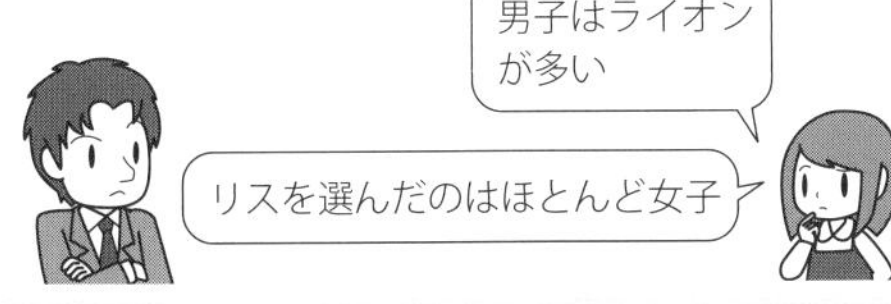

男子はライオン
が多い
リスを選んだのはほとんど女子

「３つを見てどんなことがわかる？」と問い，「ライオンが好きなのは男子が多い」「リスを選んだのはほとんどが女子」「パンダは男子にも女子にも人気がある」など，前時との見方が変わるようにしたい。

ポイント

整理する観点を変えることで，同じデータがちがう絵グラフになり並び方も変わる。

クラス全体，男子だけ，女子だけのデータの特徴がそれぞれ異なる。全体では「リスが１番多かったが，男子にはほとんどリスの人気はない」など，データを分けてみることで，事象の特徴のとらえも変わってくる。そのことを１年生にも感じさせておきたい。

7 10より大きいかず （9時間扱い）

単元の目標

・10よりも大きい数を10のまとまりを作りながら数え，10よりも大きい数は10のまとまりの個数と端数という数え方を基にして表現されていることを理解し，表現できるようにする。

評価規準

知識・技能	①10より大きい2位数の表し方について理解する。
思考・判断・表現	②10のまとまりを作って数えることを通して，十を単位とした数の仕組みとその表現のよさを考えることができる。
主体的に学習に取り組む態度	③身の回りで使われている10より大きい数を数えたり，比べたり，表したりしていく。

指導計画 全9時間

次	時	主な学習活動
第1次 「20までの数」	1	じゃんけんゲームの結果のブロックの数を10のまとまりといくつに分けて数えることができる。
	2	実際の数と結び付けながら，11から20までの数の表し方を理解する。
	3	数カードでかるた取りをしながら，11から20までの数の表し方，読み方を理解する。
	4	数カード並べゲームをしながら，20までの数の順序，大小を理解し，数直線上に表す。
	5	ぴょんぴょんゲームをしながら，「じゅうといくつ」のたし算の式を数直線上で表す。
第2次 「たし算とひき算」	6	20までの数を他の数の和や差としてみる。
	7	（十何）＋（1位数），（十何）−（1位数）の計算の仕方を考える。
第3次 「20より大きい数」	8	ブロックを10のまとまりを作って数え，20を越える数の2位数の表し方を考える。
	9	身の回りにあるものを10のまとまりを作って数え，40までの数の表し方を考える。

単元の基礎・基本と見方・考え方

(1)命数法

数詞「いち，に，さん，し……」を使って，例えば，「さんびゃくよんじゅうご」というように数の呼び名，言葉で言い表す方法を命数法という。

1から10の数は，1つずつ言い表し方を覚えなければならない。しかし，11から先は覚える必要がなくなる。「十と一のことを十一」「十と二のことを十二」というように，言い表し方にきまりがあるからである。このきまりがわかれば，子どもたちは自分で数詞を作ることができる。

20から先は「十がいくつ分」と考えていく。「十が二つ」を「二十」，「十が三つ」を「三十」という。「十のいくつ分」は「いくつ十」になるのである。本単元では数カードのかるた取りをしながら，言い表し方に注目させていく。

なお，第1次で「20までの数」を扱い，「十とバラがいくつあるか」で言い表す方法を理解していく。「20までの数」で20を扱うので，同様に考えられる30，40も数え方を第3次で扱う。

(2)十進位取り記数法

数字「1，2，3，4……」を使って，数を「345」と表す方法を記数法という。

単位が10まとまるごとに，十，百，千……と新しい単位を作り，それらの単位の個数を0から9の数字を使って表す命数法や記数法を十進記数法という。

また，単位の大きさをその単位の個数を表す数字の書く位置によって表す記数法を位取り記数法という。「345」のように，十進法と位取りの原理を併用した記数法を十進位取り記数法という。

本単元では，以前学習してきた「10」という数が，「十の位が1つと一の位が何もない0」と別の役割を果たしているように見えてくるようにしていく。

(3)10をまとまりとして考える

数える対象となる数が大きくなってくると，間違えないように数えることやより簡単に数えることが必要になってくる。2つずつ数えて10のまとまりを作ったり，残りのバラと分けておいたりする工夫ができるようにしていく。また10のまとまりを作ると，後から数え直す手間も少なくてすむことにも気付かせていく。

なお，10のまとまりを作るよさは，10が複数できたときに感じることができる。そのため，本単元では40までの数を一緒に学習できるようにしている。また本単元で，10のまとまりの数を書くところを「十の位」といい，バラの1がいくつあるかを書くところを「一の位」という言葉を教える。

(4)数直線

本単元では数直線と初めて出合う。数直線は，数のイメージを捉えるための1つのモデルである。数の大小，順序，系列を視覚的に捉えることができるよさがある。数直線上の等間隔に並んでいる点と数を一対一に対応させて作っていく過程をみせていきたい。

本時案

ブロックを かぞえよう

本時の目標

・ブロックの数を10のまとまりといくつに分けて数え，数の書き方を知る。

授業の流れ

1 ジャンケンゲームをしよう

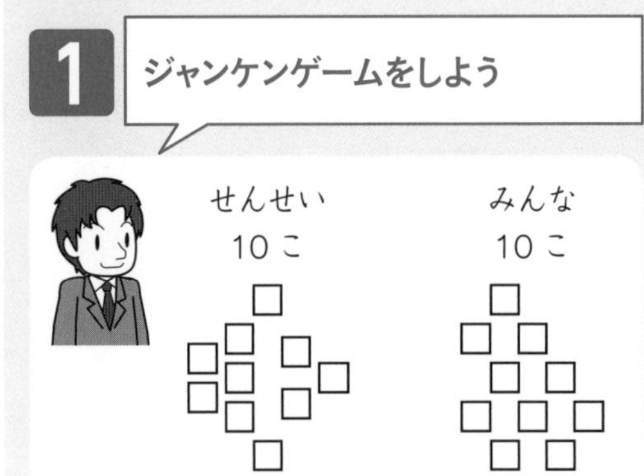

黒板に教師用ブロックを「先生に10個，子どもたちに10個」ばらばらにして置く。じゃんけんをして，勝ったら１つもらえる，負けたら１つあげるというルールで試しのゲームを行う。

「見やすくなるように並べたい」と子どもから出るまで待つとよい。

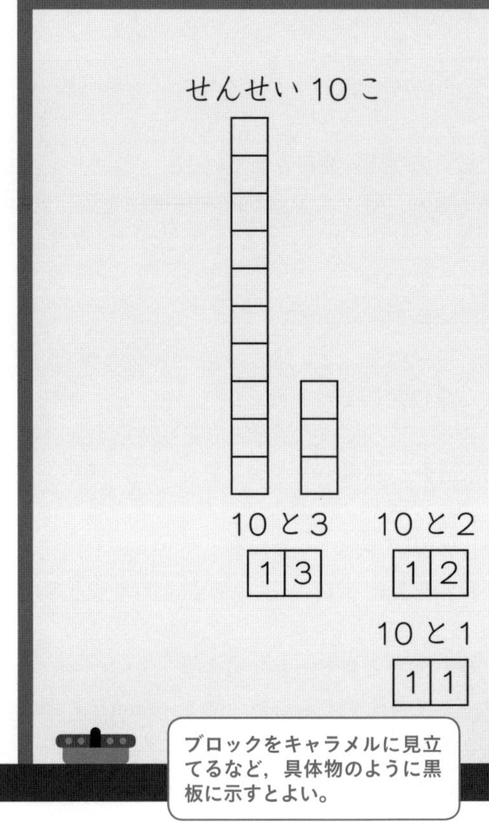

ブロックをキャラメルに見立てるなど，具体物のように黒板に示すとよい。

2 ブロックはいくつかな？

2つずつ数えます
10のまとまりをつくるとわかりやすい

じゃんけんを繰り返しながら，片方が14個になったところで，ブロックがいくつになったか尋ねる。子どもたちはいろいろな数え方で数える。「ひとつずつ」「２つずつ」「５のまとまり」「10のまとまり」子どもの数えた方法を板書に残す。

3 10のまとまりをつくるよさを考えよう

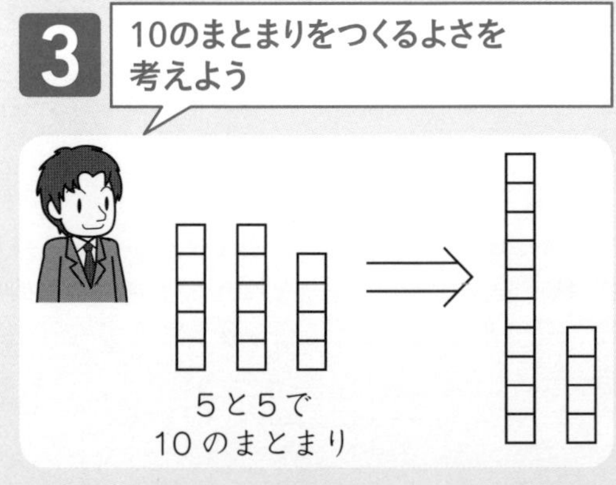

５と５を並べて10のまとまりを作る子どもがいる。また，１列に10個並べる子どもがいる。横に並べる子どももいる。いずれにしてもブロックを10のまとまりとバラ４に分けると，「十四」とそのまま読むことができる。

本時の評価

・ブロックの数を10のまとまりといくつに分けて数えるよさを認めることができる。
・10より大きい数を書くことができる。

準備物

・掲示用ブロック
・子ども用ブロック

じゃんけんゲーム
かち　1つもらう
まけ　1つあげる

たくさんあって
よくわからない

すぐわかるように
ならべよう

1つずつ
2つずつ
5のまとまり
10のまとまり

みんな10こ

10と4

14

10のまとまりはたてに1列に並べても，5と5で並べても，横に並べても良い。10のまとまりが見えることが大切である。

4 10より大きい数のかき方は…

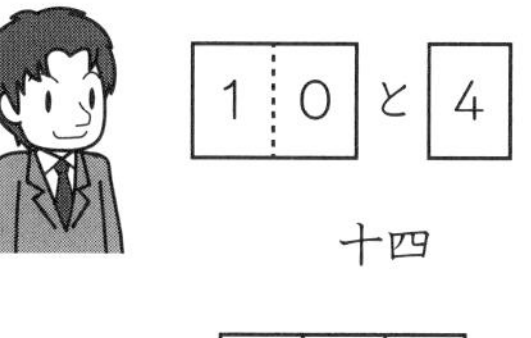

十四

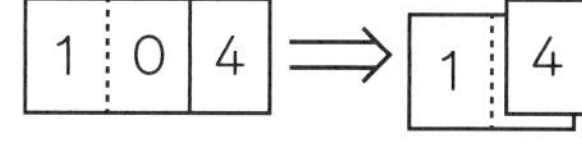

10と4を合わせると，漢字では「十四」と書く。数字では「104」と書かずに「十四」のことを「14」と書く。これは「10」と「4」を重ねて書いていることを数カードに表して視覚的に見せていく。

5 ジャンケンゲームをしよう

11，12，13の書き方を数える。その後隣の人とジャンケンゲームをする。20を越えないように，10回勝負にするとよい。

終わったら，他の友達と試合を繰り返し，自分と相手の結果を記録しておく。

本時案

かずをかぞえよう 2/9

本時の目標

・実際の数と結び付けながら，11から20までの数の表し方を理解する。

授業の流れ

1 数を数えよう

プリントを配ると，１つずつ，２つずつ，５のまとまり，10のまとまりで数える子どもが出てくる。印をつけたり，数を書いたりして，重ならないようにして数えていく。

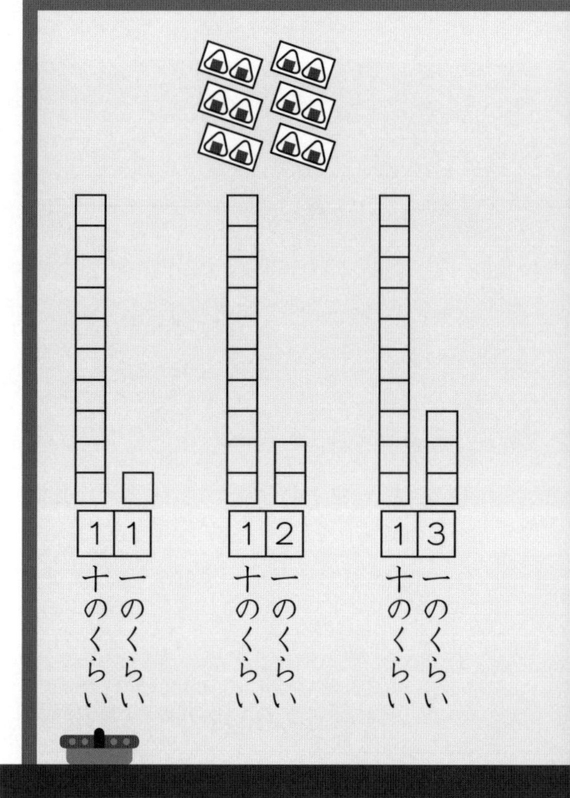

2 十の位，一の位を教える

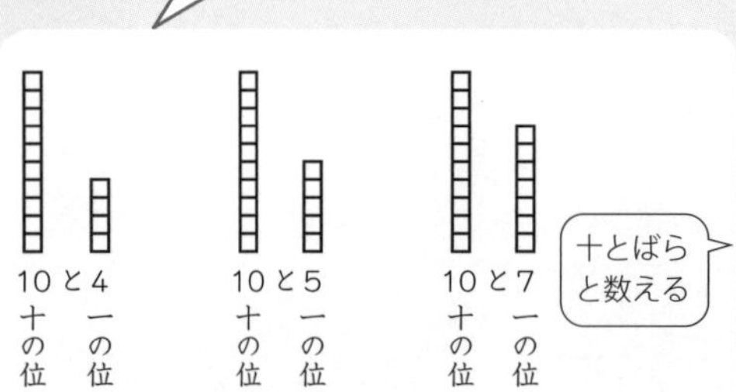

おにぎり14個，リンゴ15個，ケーキ17個をブロックと数字で表す。10のかたまりの数を書くところを十の位，バラの１がいくつあるかを書くところを一の位ということを教える。

3 19より１つ大きい数は？

二十です。
10 と 10 を合わせた二十は 10 10 となりません
十 十

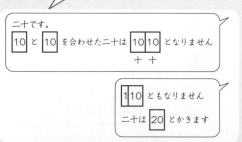

1 10 ともなりません
二十は 20 とかきます

11から19までのブロックと数字で表す。そして，「19より１つ大きい数は？」と聞く。10と10を合わせているが，「1010」でも，重ねて「110」でもない。また，「にじゅうに」の音のまま「210」でもない。10が２つで「20」と書くことを教える。

本時の評価

・プリントにあるものの数を数え，数字に表すことができる。

準備物

・掲示用ブロック，数字カード
・子ども用ブロック

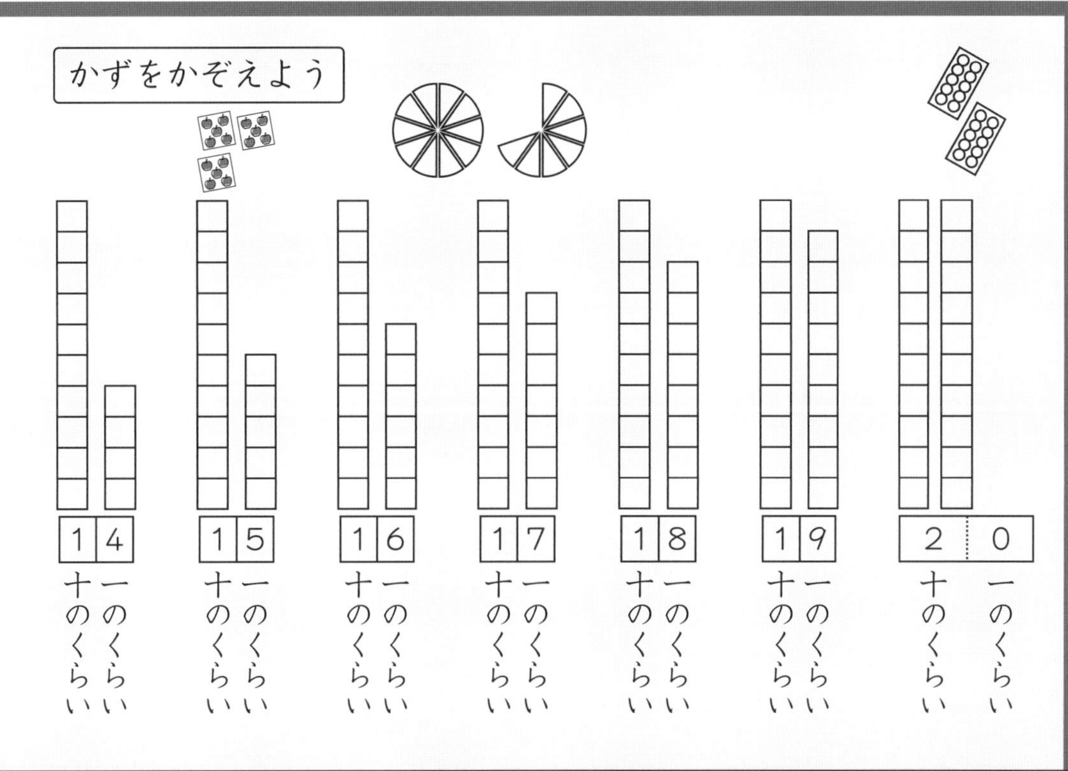

20は10のまとまりが２つあるので，十の位に２を書き，バラは１つも無いので，一の位に０を書くことを教える。10も十の位が１で，一の位が何もない０と考えられることを振り返る。

5 数字カードを作ろう

習った20までの数をカードに書く。カードの左半分が十の位，右半分が一の位と考えて，はみ出さないように書く。数字ははらうことなく，最後をピタッと止めて書くことを確かめる。

本時案

カードでかるたとり

本時の目標

・「12は10と 2 」のように，19までの数は10とバラの数を合わせて表記し，読んでいることを確かめる。

授業の流れ

1 20までのカードを机の上に並べよう

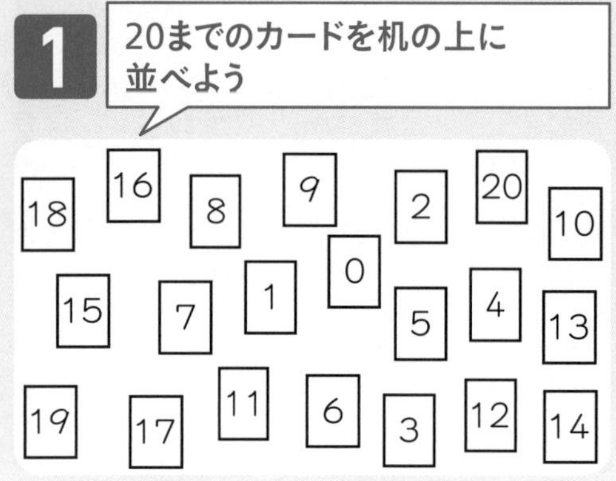

机の上に20までのカードを出させる。重ねずに 1 枚ずつのカードが見えるようにする。すると，順番に並べる子が出てくる。その子を褒めながら，全体に「順番に並べられるかな」と投げかける。1 列に並べる子どもと 2 列に並べる子がいる。

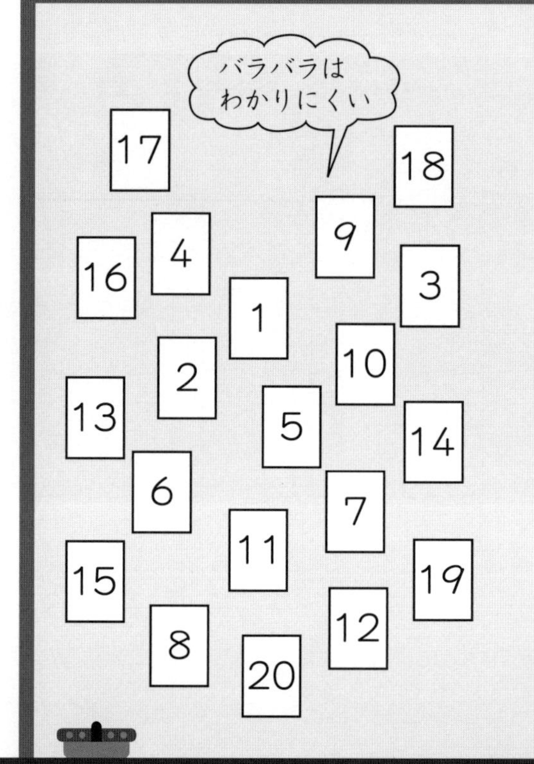

2 0 をどうならべればいいの？

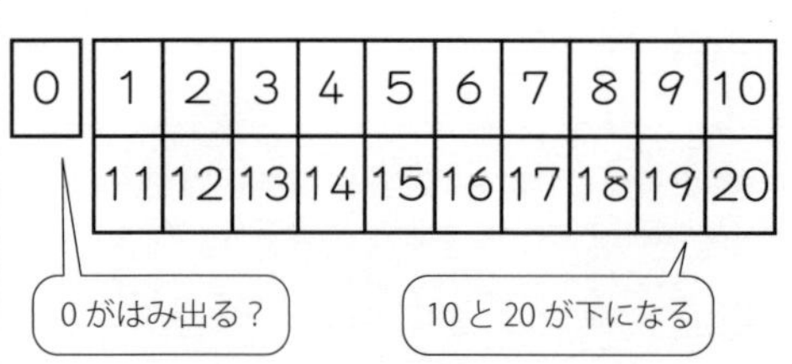

1 列目と 2 列目の一の位を同じ数にして並べる子が出てくる。ほめて，黒板で紹介し，同じようにそれぞれが並べてみる。0 を入れると，どう並べていいのか，意見が分かれる。

3 数カードでかるたとりをしよう

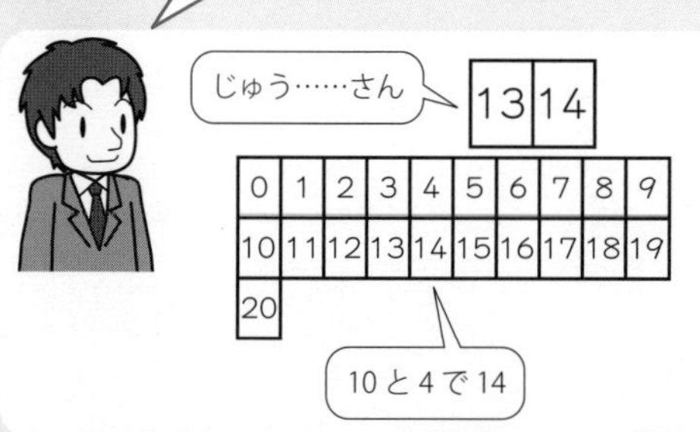

机に並べた自分の数カードをとっていく。

「じゅう…さん」のように，間をあけて読み上げると，読み方と表記の違いに目が向く。「じゅうとよんを合わせた数」のような表現でもカードをとれるようにする。

本時の評価

・11以上の数は，10と分解した数になっていることが理解でき，ノートに書くことができる。

準備物

・0から20までのカード（教師掲示用と子ども操作用）

カードでかるたとり

0はどこ？

0	1	2	3	4	5	6	7	8	9
10	11	12	13	14	15	16	17	18	19
20									

10 と 1 で 11
10 と 2 で 12
10 と 3 で 13
10 と 4 で 14
10 と 5 で 15
10 と 6 で 16
10 と 7 で 17
10 と 8 で 18
10 と 9 で 19
10 と 10 で

20

カードがバラバラな状態でかるたとりをはじめるのもよい。とりやすいように順番に並べている子どもをほめることができる。

まちがいを示して，子どもにまちがいを指摘させると，注目し，まちがいにくくなっていく。

4 隣の人とかるた勝負をしよう

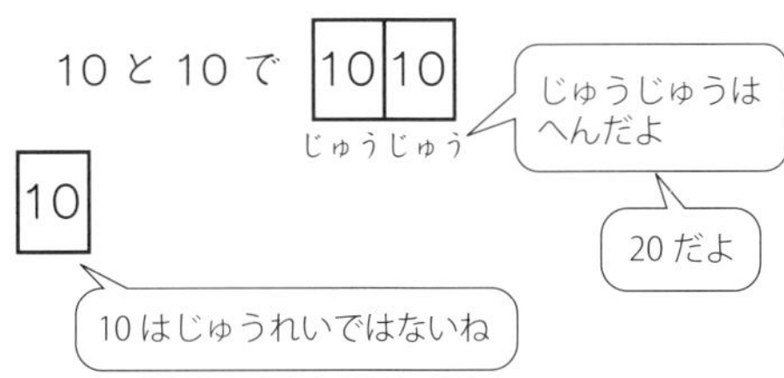

10 と 10 で
10 10
じゅうじゅう
じゅうじゅうは
へんだよ
20 だよ
10
10 はじゅうれいではないね

2人に1つの0～20の数カードでかるたとりをする。「じゅう…ご」「じゅうとろく」のような読み方に加え，「じゅうとじゅうでじゅうじゅう」「じゅうれい」という読み方をしながら，子どもにまちがいを指摘させるとよい。

5 ノートにまとめよう

カードでかるたとり

11 は 10 と 1
12 は 10 と 2
13 は 10 と 3
14 は 10 と 4
15 は 10 と 5

カードかるたで学んだことをノートにまとめる。「11は10と1」「12は10と2」…のようにノートに書く。

「20は10と10だけど，じゅうじゅうとは読まない」とまとめるのもよい。

本時案

すうカード ならべゲーム

本時の目標

・20までの数の順序，大小を理解し，数直線の上に表すことができる。

授業の流れ

1 黒板で試しのカードならべゲームをするよ

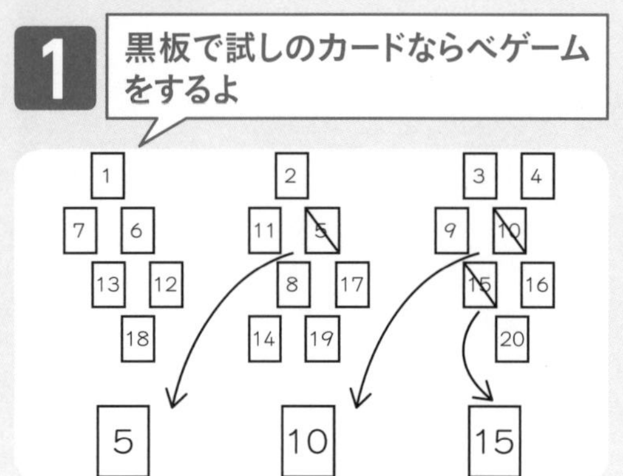

黒板を使って3人で試しのゲームをする。20までの数カードを黒板に3つに分ける。初めに5，10，15のカードを出す。トランプの7並べと同様に，置いてあるカードにつながる数カードを出していく。

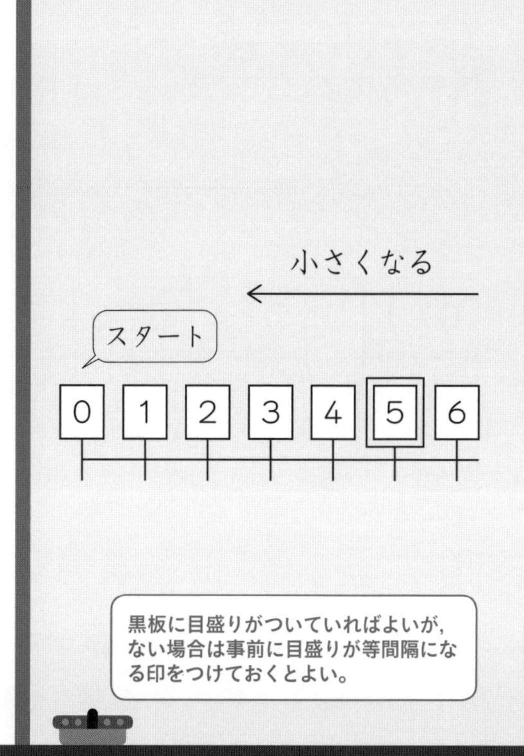

小さくなる
スタート
0 1 2 3 4 5 6
黒板に目盛りがついていればよいが，ない場合は事前に目盛りが等間隔になる印をつけておくとよい。

2 チームで教えてあげてね

列ごとにチームを決めると，見ている子どもからお助けの意見が出される。カードが置けないときにはパスをしてよいとする。手持ちのカードがなくなったチームの勝ちになる。

3 カードをきれいに並べようね

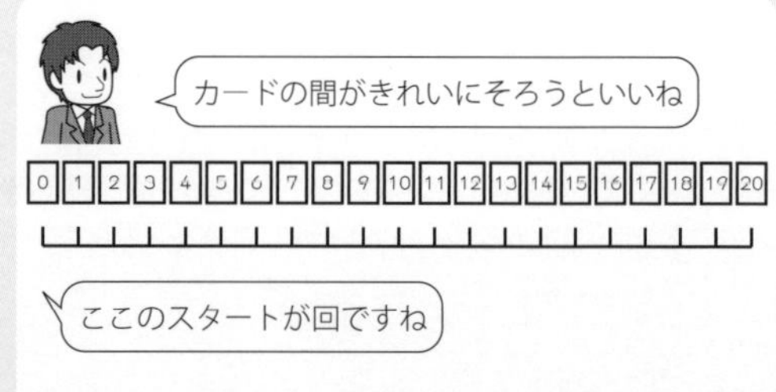

数カードがすべて並んだところで，間をそろえるために，数字カードの下に数直線を書き込む。

これにスタートのところに0のカードを付け加えて，起点となる0を教える。

本時の評価

・20までの数の順序，大小を理解し，順番に並べることができる。

準備物

・黒板掲示用数カード
・子どもが作成した数カード

5、10、15 ならべ

となりにつづくカードをだす
はやくカードがなくなったほうがかち

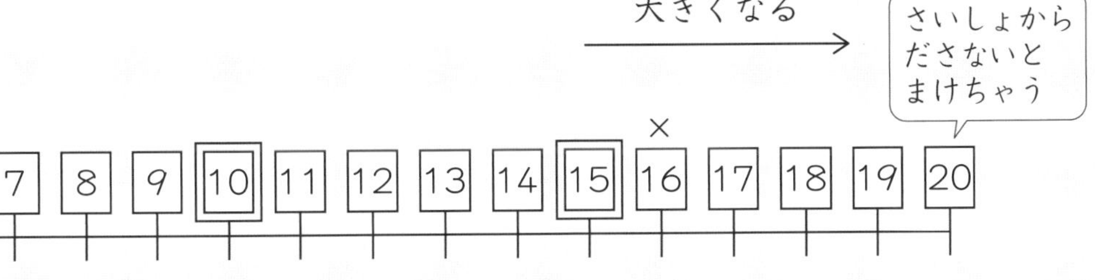

かずのせん…カードのあいだがきれいにそろう

カードの間がきれいにそろっていく過程を見せていきたいので，できあがった数直線を貼りつけることはしたくない。

4 数カードならべゲームをしよう

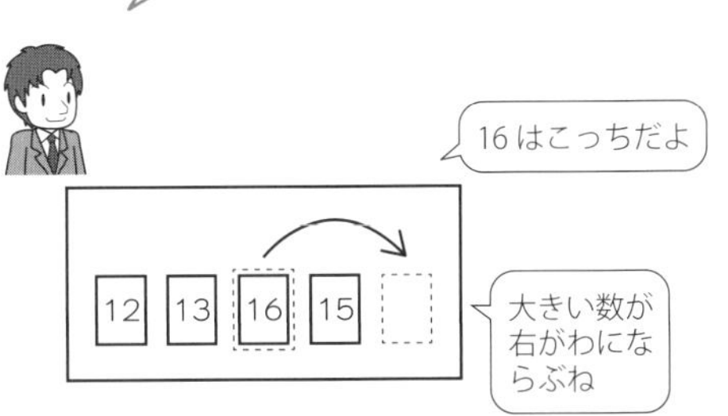

16はこっちだよ
12
13
16
15
大きい数が
右がわにな
らぶね

子ども同士でゲームをする。3～4人で行う。例えば15の隣に16を置こうとして，15の左側に置いてしまう間違いが出る。その機会を利用して，左から順に数が大きくなっていることを確認する。

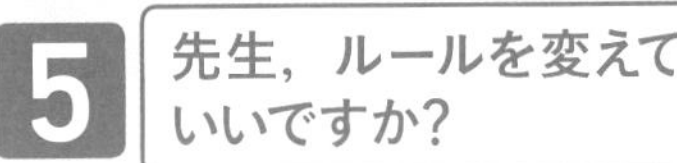

5 先生，ルールを変えていいですか？

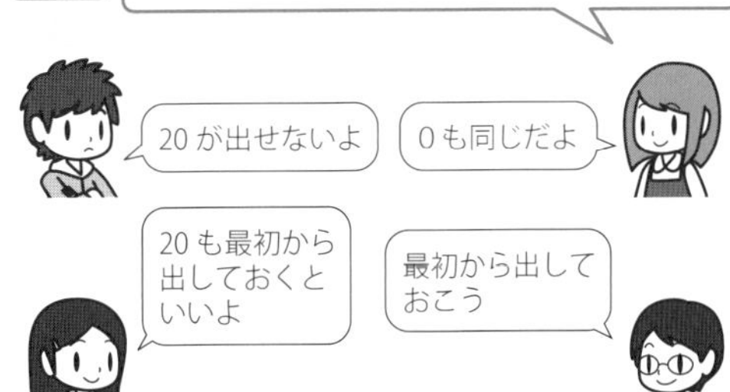

20が出せないよ
0も同じだよ
20も最初から
出しておくと
いいよ
最初から出して
おこう

ゲームを繰り返していくと，20と0が最初から置かれた方がいいことに気付いていく。子ども自身がルールを変えながら，主体的にゲームを楽しむ姿勢を育てるチャンスである。

本時案

ぴょんぴょんゲーム

本時の目標

・20までの数の順序，大小を理解し，数直線の上に表すことができる。
・「じゅうといくつ」のたし算の式を数直線上で表すことができる。

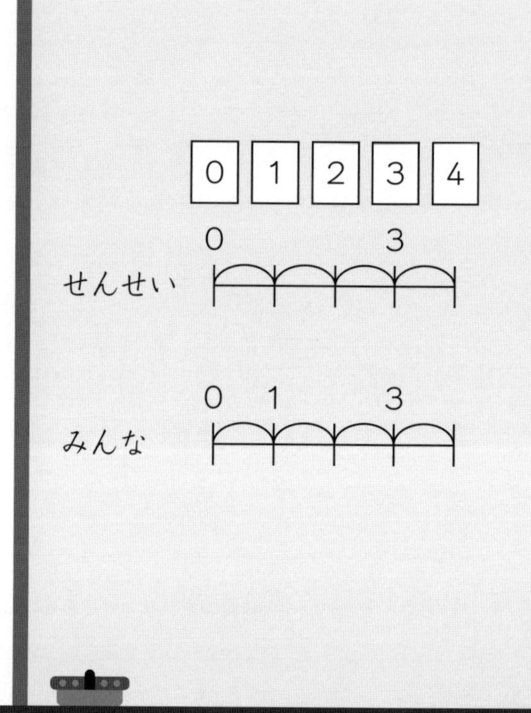

授業の流れ

1 数の線のプリントに数を書き入れよう

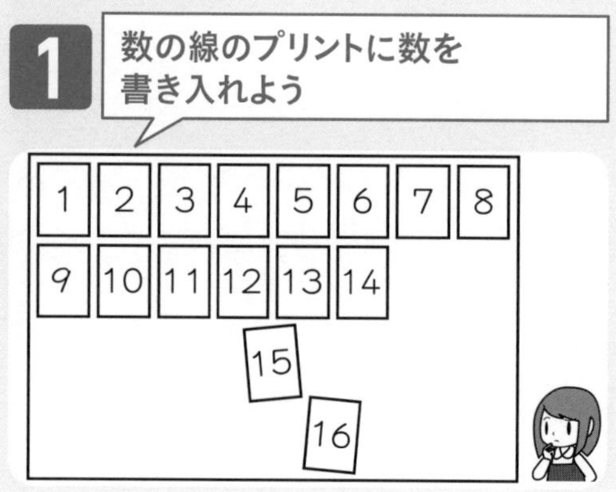

0から20までの数カードをばらばらに並べて提示する。すると，きれいに並べたくなる。きれいに並べるときに，「かずのせん」を使ったことを思い出す。

プリントを配付し，「かずのせん」に0から20までの数を書き込ませる。

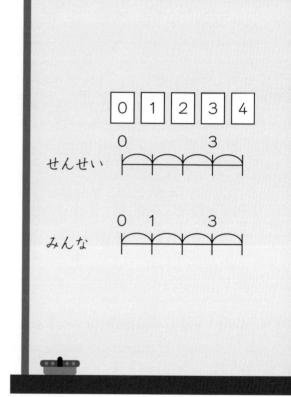

2 ぴょんぴょんゲームの仕方を知ろう

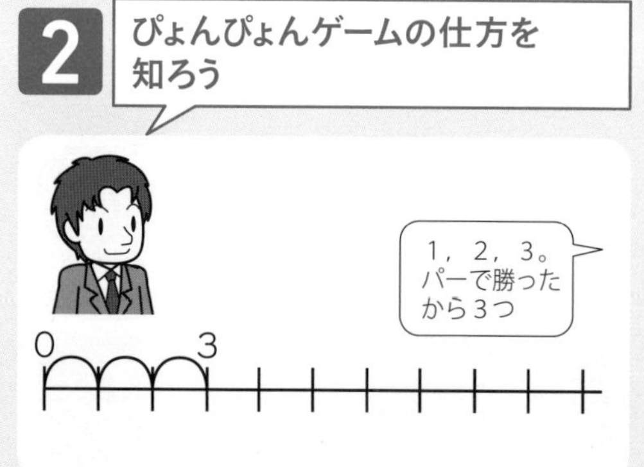

代表の子どもと教師で試しのゲームをする。黒板掲示用に模造紙に書いた「かずのせん」を提示する。グーで勝ったら1つ，チョキで勝ったら2つ，パーで勝ったら3つ進む。止まったところの数を書き入れる。

3 なんで15ってすぐにわかるの？

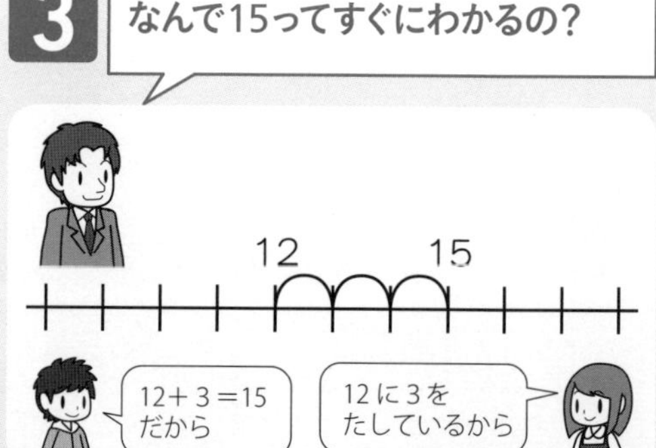

とんだ印を書きながら，止まったところの数を数えて記入していく。「どこまで行くと思う？」と聞くと計算で数を言う子がいる。「なぜ，すぐわかるのか？」と聞く。たし算をすればいいことに気付いていく。

本時の評価

・20までの数の順序，大小を理解し，順番に数えることができ，式に表すことができる。

準備物

・模造紙に書いた黒板掲示用の「かずのせん」
・黒板用数カード
・子ども用「かずのせん」プリント

ぴょんぴょんゲーム

1つすすむ　2つすすむ　3つすすむ

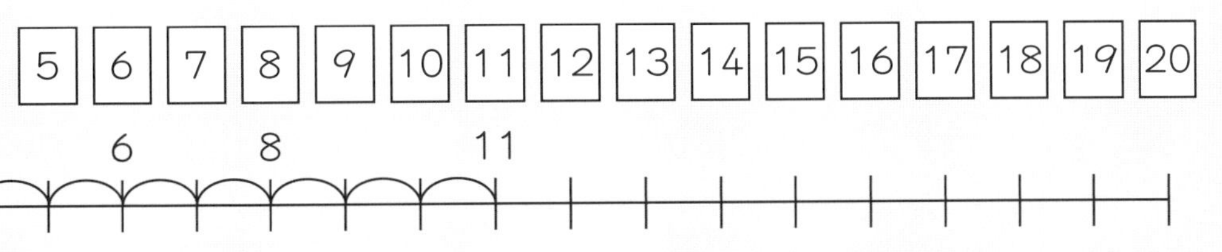

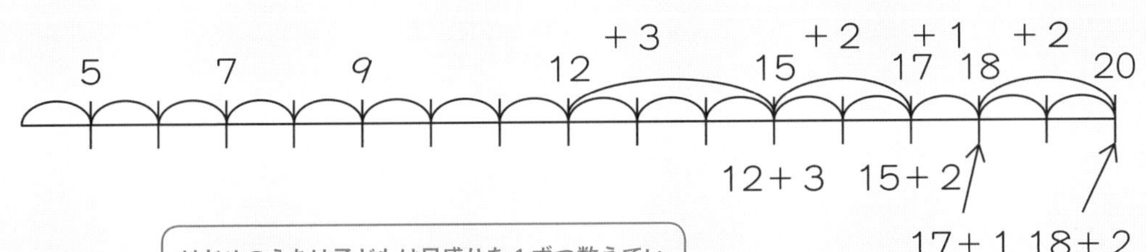

はじめのうちは子どもは目盛りを１ずつ数えていく。式に表すのはまとめて数えていく考えが出されたときである。

4 隣の人とジャンケンゲームをしよう

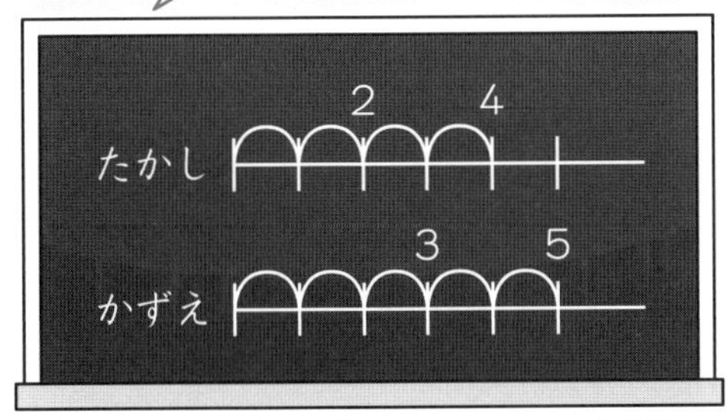

ゲームの結果は隣の子と確かめ合いながらプリントに記入していく。プリントにどう記入していいのか困っていたら，教えることをすすめる。「かずのせん」にある式をノートに書いてまとめとする。

子どもの「かずのせん」の数え方

はじめのうちは，１つ，２つ，３つと目盛りを進み，到達したところの数がいくつなのかを数え直していく。例えば13まで来ていて，チョキで勝ったらぴょんぴょんと２つ目盛りを進む。そして，13から14，15と数え直して15を記入していく。間違えていたら隣の子が教えてあげられるとよい。

繰り返すうちに数え始めの数に勝った数を加えればいいことに気付いていく。その気付きを広めていくと，たし算を数直線を使ってイメージ豊かに計算できるようになっていく。

本時案

たしざんと ひきざん

本時の目標

・20までの数を他の数の和や差としてみる。

授業の流れ

1 たし算をブロックで表そう

「13は10と 3 をあわせた数です」と板書し，「この言葉を式に表しましょう」と伝える。これは10＋ 3 ＝13と表す。「この式をブロックで表すとどうなるかな？」と聞き，ブロックを動かして，10＋ 3 を表す。

13 は 10 と 3 をあわせた数です。

10＋3＝13

10

0

5

数の構成と式，ブロック操作数直線で，見直していく。

2 たし算を数の線で表そう

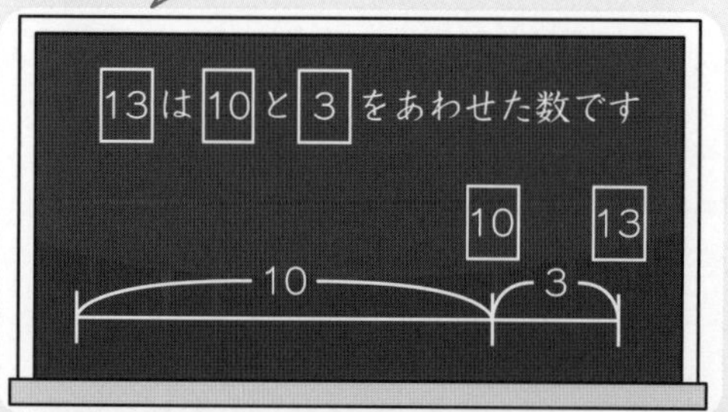

「数の線」を掲示し，式とブロックで表した10＋ 3 ＝13を数の線の上に表す。たし算はたされる数からたす数の分，右側に進んでいくことを数の線の上で確かめていく。

3 13から 3 を引いたら10になりますはどう表せる?

「13から 3 引いた数は10になります」を式13－ 3 ＝10と表し，さらにブロックで表していく。 1 桁同士のひき算の時と同様に，取り除いていくひき算の動きをブロックを操作しながら表していく。

本時の評価

・20までの数を他の数の和や差として式やブロック，数の線で表すことができる。

準備物

黒板掲示用の模造紙に書いた「かずのせん」，黒板用数カード，ブロック子ども用「かずのせん」プリント，ブロック

13から3をひいたかず

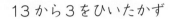

13－3＝10

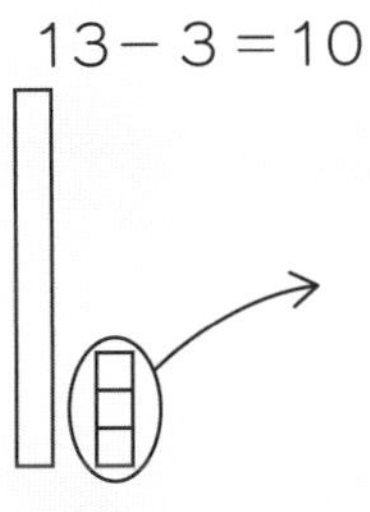

①10＋2　②12－2
③10＋4　④15－5
⑤10＋7　⑥16－6
⑦10＋9　⑧19－9

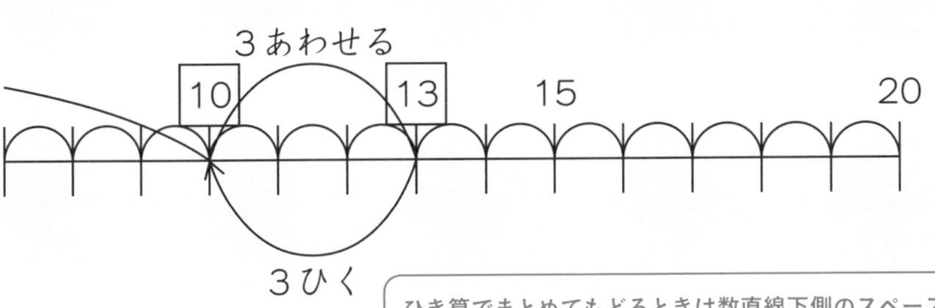

ひき算でまとめてもどるときは数直線下側のスペースを使ってもどるとよい。

4 ひき算を数の線で表そう

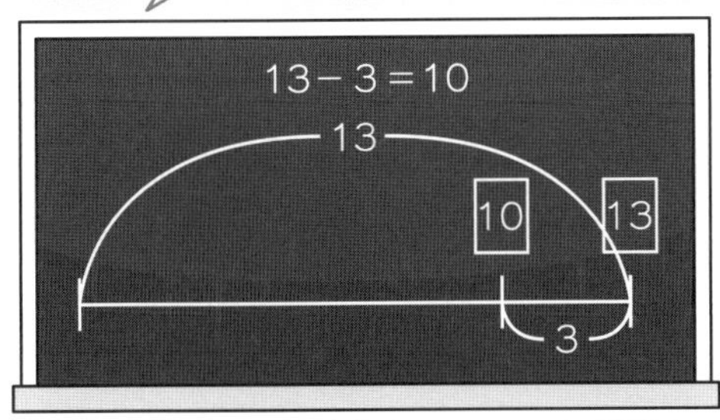

式，ブロックで表した13－３＝10を数の線に表す。ひき算はひかれる数からひく数の分，左側に戻っていくことを数の線の上で確かめていく。

5 他の数でもできるか確かめてみよう

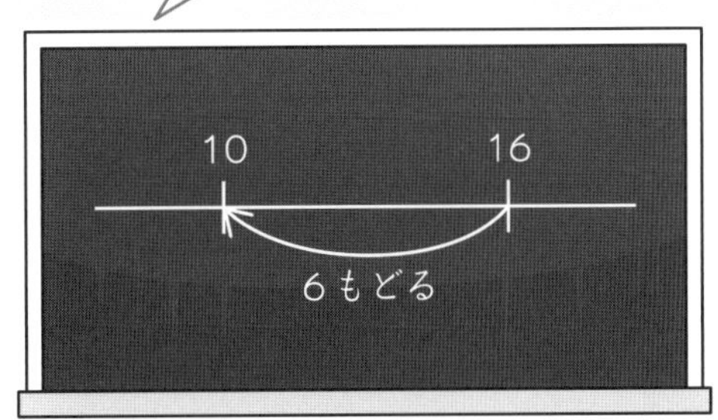

「他の数もたし算とひき算ができるか確かめてみよう」と類題を出していく。10＋□のたし算と十何─何で一の位が同じ数になるひき算を行う。ブロック，数の線で式を確かめていく。

本時案

たしざんとひきざんのけいさんのしかた

7/9

本時の目標

・「10といくつ」の数の見方から，（十何）＋（１位数），（十何）－（１位数）の計算の仕方を考える。

授業の流れ

あめ が 12 こあります。
３こもらうとぜんぶでなんこになりますか？

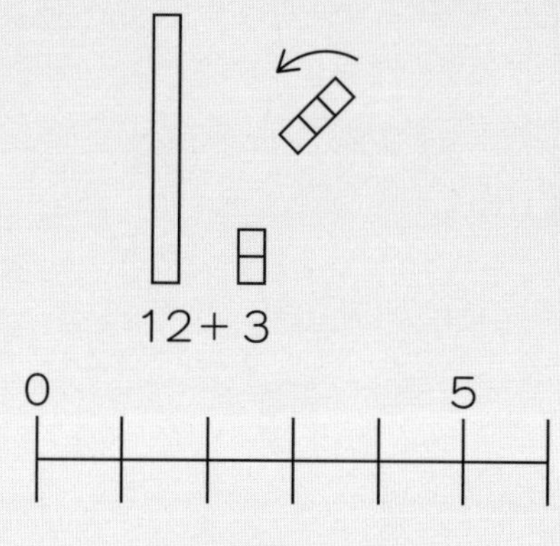

実物のあめ，あめの絵，半具体物のブロック，ブロックの図と抽象度を上げて提示していくということを考えるとよい。

1 問題文を読み，式に表そう

丸でかいたほうが かんたんだよ

ブロックにしたら いいよ

問題文を読み，式に表す。必要に応じて，式に表す前に，問題場面を絵に描いたり，ブロックを具体物に見立てて操作しながら，たし算の場面であることを理解していく。

2 たし算の式をブロック，数の線で表そう

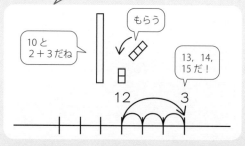

10と 2＋3だね

もらう

13，14，15だ！

12　3

式で表した12＋３をブロックと数の線に表す。表しながら，12＋３のたし算は十の位の「10」はそのままにして，一の位の計算をしていけばいいことを理解していく。

3 ひき算の場面を式に表そう

ひき算の場面を式に表す。ここでも，問題場面を絵に描いたり，ブロックを具体物に見立てて操作しながら，ひき算の関係を理解していく。

本時の評価

・「10といくつ」の数の見方から，（十何）＋（１位数），（十何）－（１位数）の計算の仕方を考えることができる。

準備物

・（黒板掲示用）模造紙に書いた「かずのせん」，数カード，ブロック
・（子ども用）「かずのせん」プリント，ブロック

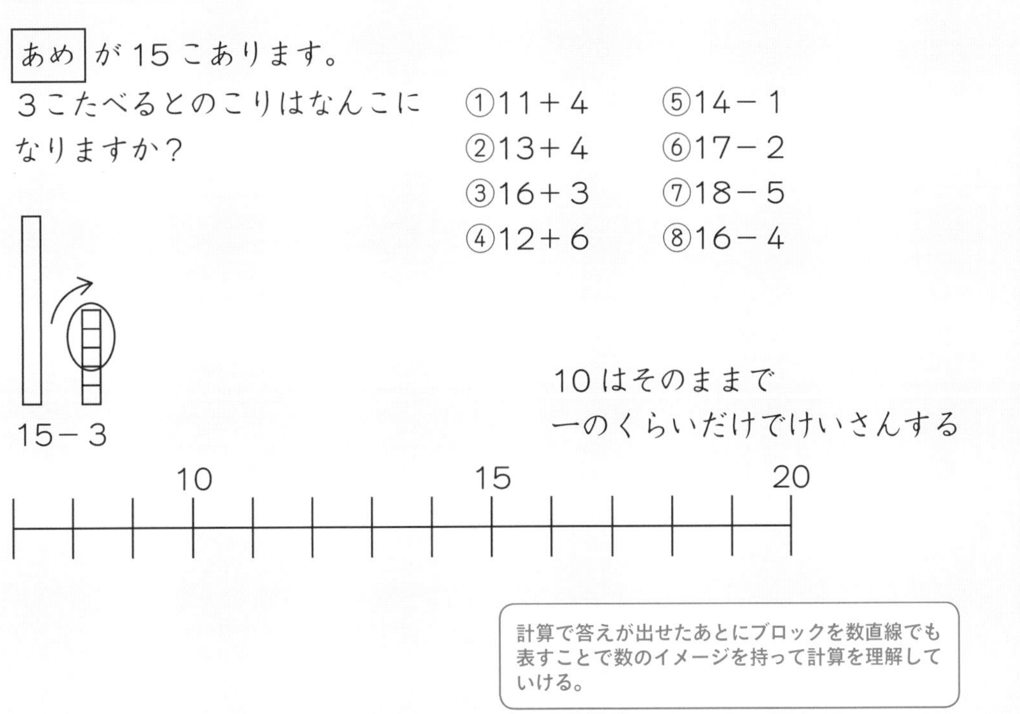

あめ が 15 こあります。
3こたべるとのこりはなんこになりますか？
①11＋4
②13＋4
③16＋3
④12＋6
⑤14－1
⑥17－2
⑦18－5
⑧16－4
15－3
10はそのままで
一のくらいだけでけいさんする
10
15
20

計算で答えが出せたあとにブロックを数直線でも表すことで数のイメージを持って計算を理解していける。

4 ひき算の式をブロック，数の線で表そう

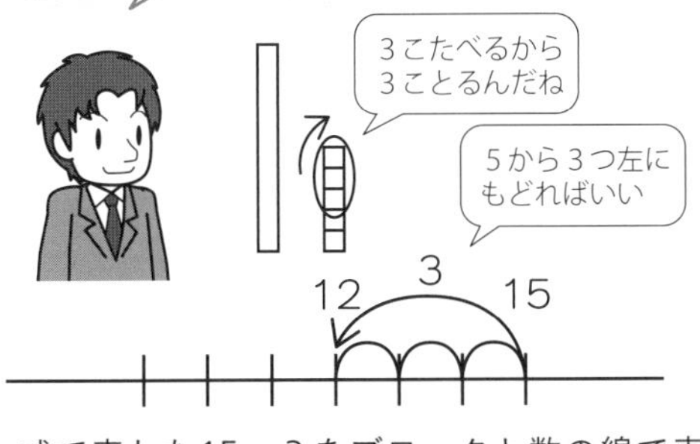

3こたべるから
3ことるんだね
5から3つ左にもどればいい
12
3
15

式で表した15－３をブロックと数の線で表す。15－３のひき算も十の位の「10」はそのままにして，一の位の計算をしていけばいいことを理解していく。

5 他の数でもできるか確かめてみよう

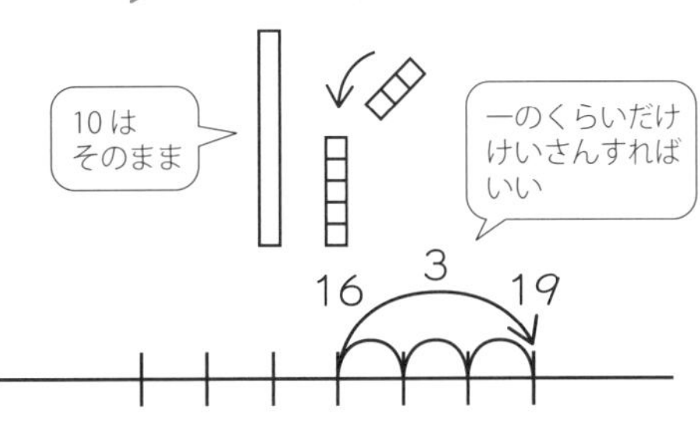

10は
そのまま
一のくらいだけ
けいさんすれば
いい
16
3
19

「他の数でもたし算とひき算ができるか確かめてみよう」と類題を提示していく。ブロック，数直線で答えを確かめていく。

本時案

20より大きいかず①

8/9

本時の目標

・10のまとまりを作って数え，２位数の表し方を考える

授業の流れ

どっちがおおい？

かぞえる

たくさん

10のまとまりが２本，３本とできて，バラがいくつ残るか，その過程を全体で共有したい。後半はプリントで一人ずつの活動となる。

1 どっちが多い?

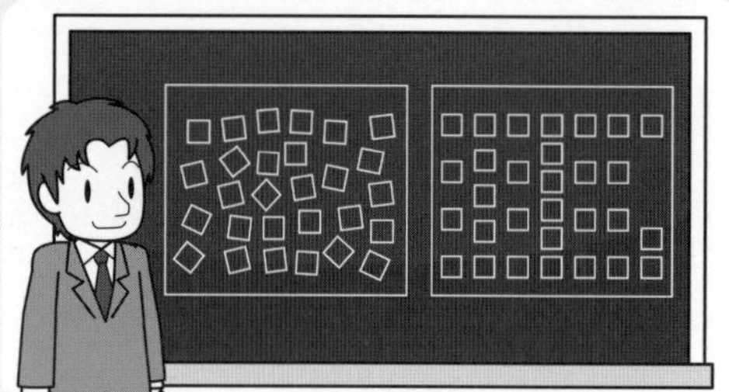

黒板の両端にブロックをそれぞれはっておく。かぶせておいた紙をとる。「たくさんある！」と驚く声が出る。数えだす子どももいるだろう。

『どっちが多い？』と聞き，板書する。

2 数がわかるように並び替えて数えよう

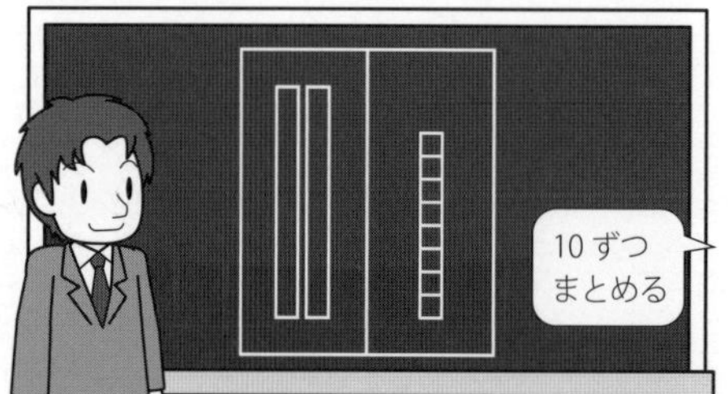

「たくさんあってわからないよ」「ばらばらでわかりにくい」という子がいる。『どうしたらわかりやすくなるかな？』と聞くと，「数えやすく並べ直す」「10ずつまとめる」という考えが出てくる。

3 10のまとまりができたよ

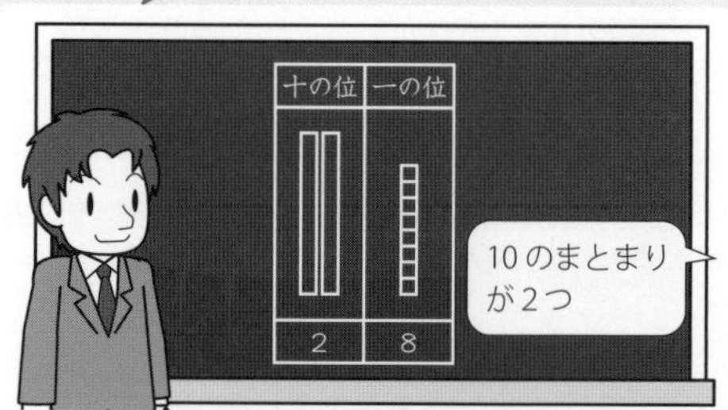

10のまとまりは棒に変身させて十の位の部屋に入れる。10にならないブロックは一の位の部屋に入れる。10のまとまりが２つとバラが８つで28になる。20のカードと８のカードを重ねて28となる。

本時の評価

・10のまとまりを作って数えることができる。
・２位数の表し方を考えることができる。

準備物

黒板用ブロック
プリント

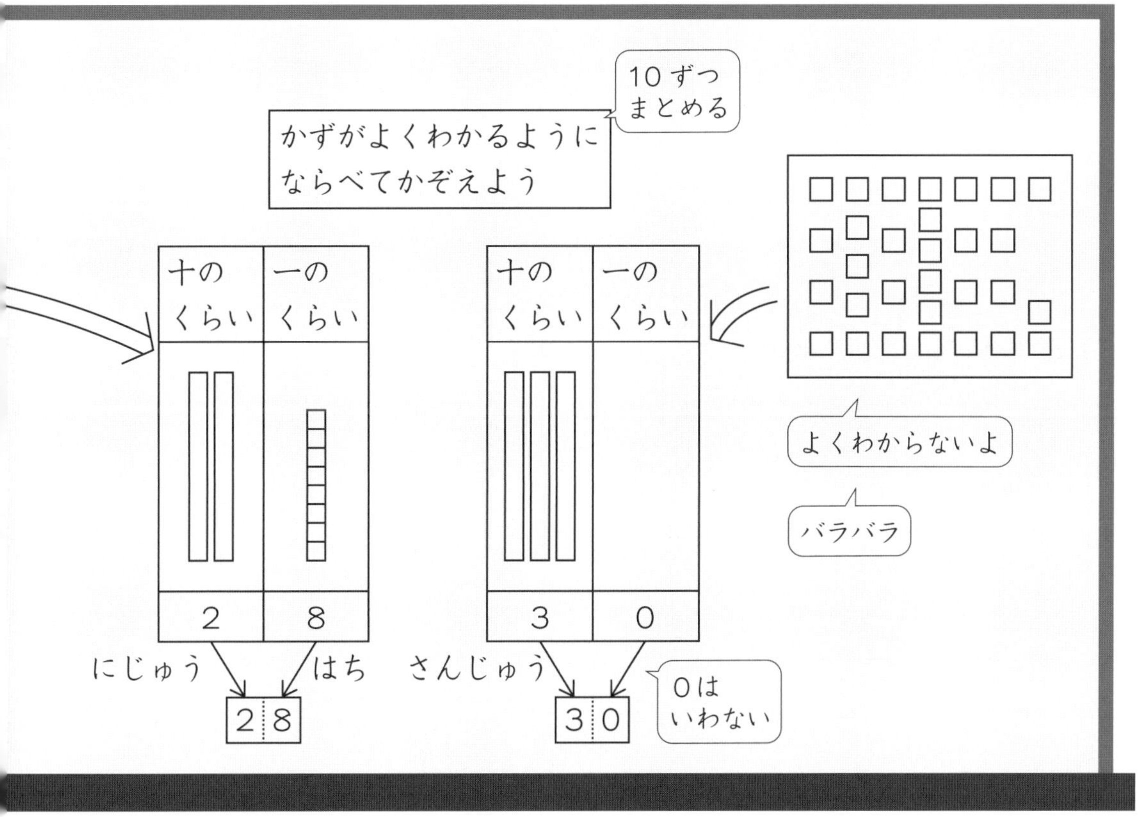

かずがよくわかるように
ならべてかぞえよう

10ずつ
まとめる

十の くらい	一の くらい
2	8

にじゅう　はち　28

十の くらい	一の くらい
3	0

さんじゅう　30

0は
いわない

よくわからないよ

バラバラ

4 一の位のバラが無いときはどうするの？

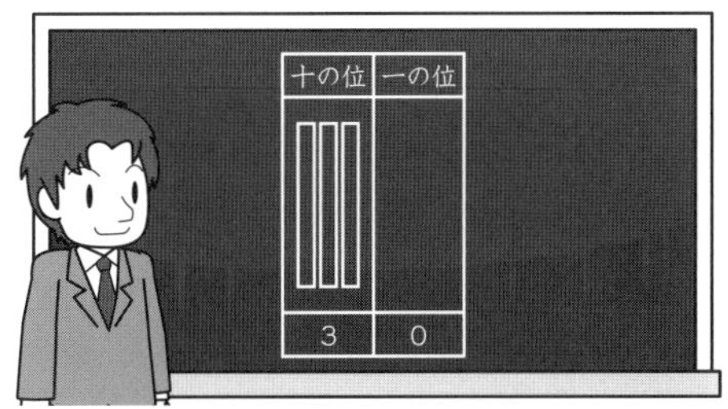

10のまとまりが３つで30になる。バラは１つもないので，一の位は０と書き，30となる。一の位の０は「さんじゅうれい」のようには言わずに，十の位だけを読んで「さんじゅう」と読む。

5 プリントのブロックを並び替える

20より多いブロックのかいてあるプリントを配り，ブロックを数える。数えた数を位取り表に絵で表す。

一の位が０になる場合は，０を読まないことに気を付けさせる。

本時案

20より大きいかず②

本時の目標

・10のまとまりを作って数え，20を超える数の表し方を考える。

9/9

授業の流れ

1 ブロックを数えよう

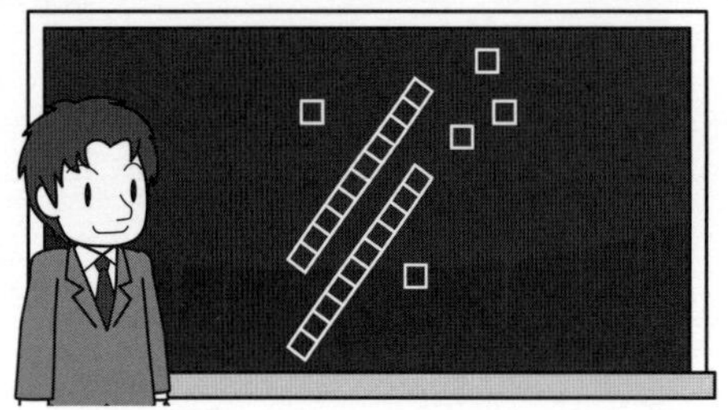

『かぞえよう』と板書し，ブロックを黒板につける。10のまとまりのブロックが２本とバラが５個あると20と５で「にじゅうご」と読むことがわかる。20と５のカードを重ね，25と表すことを確認する。

きょうしつにあるものを
かぞえよう

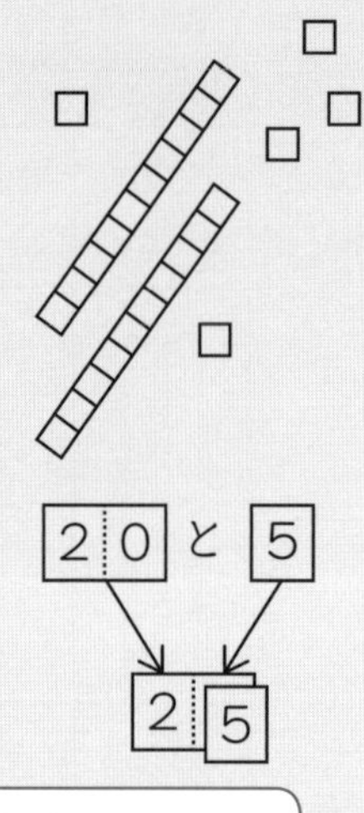

20 と 5

25

実物でなくても，写真に撮ったものや，紙に表したものでもよい。

2 棒を数えよう

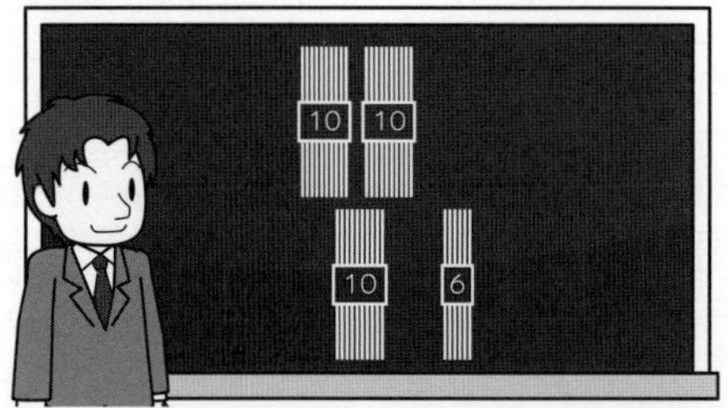

10の束にしてある棒が３束と，バラの棒が６本あることを確かめる。10のまとまりが３つとバラが６本で「さんじゅうろく」と読み，「36」と書くことを確認する。30と６のカードを重ねてみせる。

3 折り紙を数えよう

10枚ずつまとまった折り紙を４束提示する。バラになっている折り紙はない。10のまとまりが４つで「よんじゅう」と読み，「40」と書くことを確認する。一の位の０のカードを重ねても変わらないことを確かめる。

本時の評価

・10のまとまりを作って20を超えるものの数を数えることができる。
・2位数の表し方を考えることができる。

準備物

・黒板用掲示物拡大図（具体物でもよい）

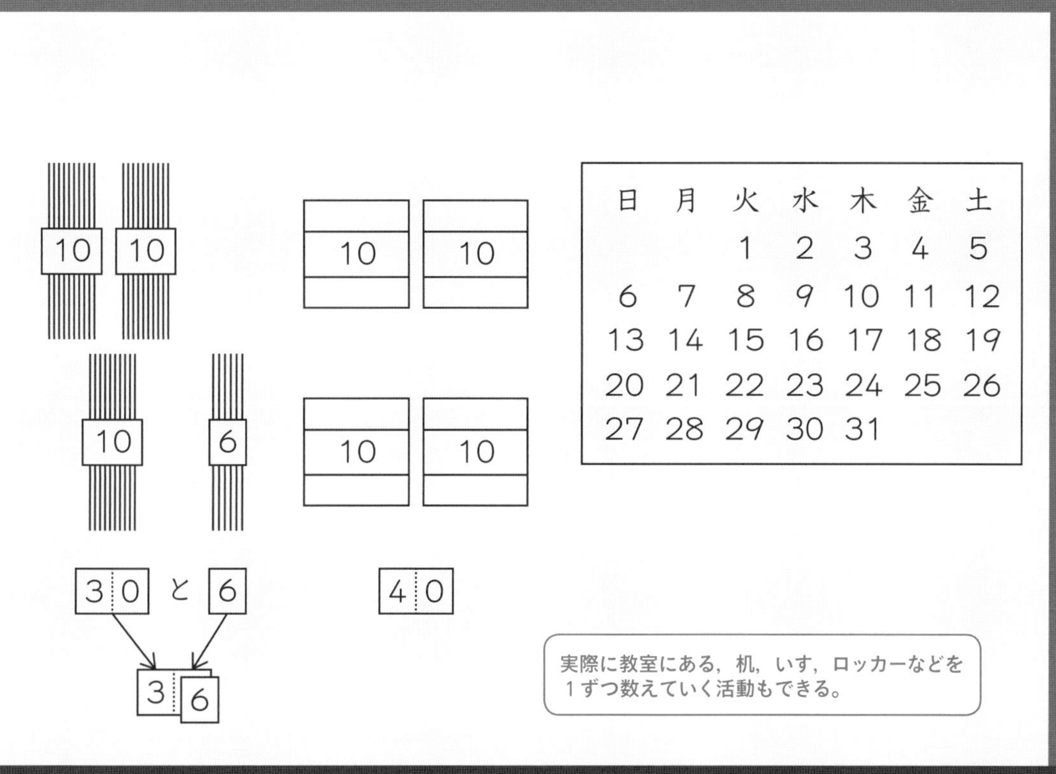

4 数え直そう

ブロック，棒，折り紙にバラを加えたり，除いたりして数え直す活動をする。25個のブロックに５個加えて，バラの５と合わせて10のまとまりをつくる。棒の10のまとまりの束を抜いて，26本を数えさせるなどである。

5 カレンダーの数を読もう

教室にも掲示してあるカレンダーを指さしながら１から順に読む。

２回目からは「10から指さして読んでみよう」「31から１まで戻って読んでみよう」と変化をつけて繰り返すとよい。

8 とけい （4時間扱い）

単元の目標

・時刻に関心を持ち，長針，短針をもつ時計をよむ活動を通して，時計のよみ方を理解し，日常生活に生かすことができるようにする。

評価規準

知識・技能	①時計の長針や短針の示す目盛りの意味が分かる。また，時刻の読み方，模型での表し方が分かる。 ②何時，何時半，何時何分を読むことができる。また，時刻を模型で表すことができる。
思考・判断・表現	③時計の針の回り方，目盛りの仕組みなどのきまりをもとに考えることができる。
主体的に学習に取り組む態度	④時刻に関心をもち，時刻を日常生活に活用しようとしている。

指導計画 全4時間

次	時	主な学習活動
第1次 何時，何時半の読み方	1	短針だけの時計を使って，「何時」「何時半」という時刻をよんだり，表したりする。
第2次 何時何分（10分単位，5分単位，1分単位の読み方	2	長針・短針をもった時計を使って，何時何分までの時刻をよんだり，表したりする。
	3	いろいろな時刻を模型で表しながら，自分の日常の生活時間を振り返る。
	4	時計の目盛りは数の線を円にしたものと同様であることを，双六遊びをすることで理解していく。

単元の基礎・基本と見方・考え方

⑴生活経験を生かし，生活につなげながら理解する

子どもたちは就学前から，時計を見たり，時刻を聞いたり，時刻について話したりする経験をもっている。特に小学校に入学してからは，時刻を意識して行動する機会が多くなっている。これまでの生活経験を生かして，身近なできごとをしているときの時刻を考えていく。

時刻が読めるようになったら，時計日記を書かせる。何時何分に何をしたのかを記録していく。自分が行動したときの時刻を意識していくことで，今まで意識していなかった時刻を子どもの生活の中に位置づけていくことができる。

⑵時間は目に見えない連続量である

時間というのは目で見ることのできない連続量である。そこで，時計の長針と短針の動きとして，目に見える量に置き換えることで，時の流れを示す時間やその区切りを示す時刻を感じることができるのである。

本単元では，これまでの経験を生かして，時計の仕組みと結びつけながら何時・何時半・何時何分までの時刻を読んだり，時刻を決めて守ったり，行動したりしようとする態度を育てていく。

⑶短針でだいたいの時刻をとらえる

時刻のよみについては，何時，何時半から入る。何時，何時半は長針は12か６を示しているので，時刻は短針の示している数字を読むことになる。短針が数字と数字の間にあれば，何時半となる。短針を読めば時刻がわかるのだが，短針が数字と数字の間からずれてくると正確な時刻を求めるには長針を読まなければならなくなる。ここで長針をよむ必然性が生まれる。

⑷時刻をはやくよめるようにする

時計の目盛りは60個ある。目盛りは曲線上にあるが，曲線を伸ばせば数直線と同じと見ることができ，60までの数直線の目盛りを読むのと同様に考えられる。

しかし，60個の目盛りを１から順に読んでいくのではなく，文字盤の数字を目安にとばして読むことで，時刻を早く読めるようにしていく。長針で何十何分をよむときは，例えば，17分であれば，「5，10，15，16，17」のように，また，42分であれば，「10，20，30，40，41，42」のようにして時刻をとらえられるようにしたい。

⑸時計の仕組みについて理解する

模型時計を動かして針の動きを観察して，次のような時計の仕組みを理解していく。

①時計には２本の針（長針と短針）があり，両方とも右回りに回っている。
②短針が１つの数字から次の数字まで動く間に，長針が１回転する。
③数字と数字の間には５つの目盛りがあり，長針が１つの数字から次の数字まで動くと５分になる。

本時案

たんしんで じこくをよむ

本時の目標

・短針だけの時計を使って，「何時」「何時半」という時刻をよんだり，表したりする。

授業の流れ

1 きのう寝たのは何時ごろかな？

子どもたちに「きのうの夜，寝たのは何時ごろかな？」と聞く。「８時ごろ」「８時30分ごろ」「８時半ごろ」「９時ごろ」などと答える。ここでは，分単位の時刻を出したくない。そのため，「何時ごろ」と「ごろ」をつけて聞く。出てしまったときには「８時半ごろということだね」と言い換えておく。

なんじごろかな？

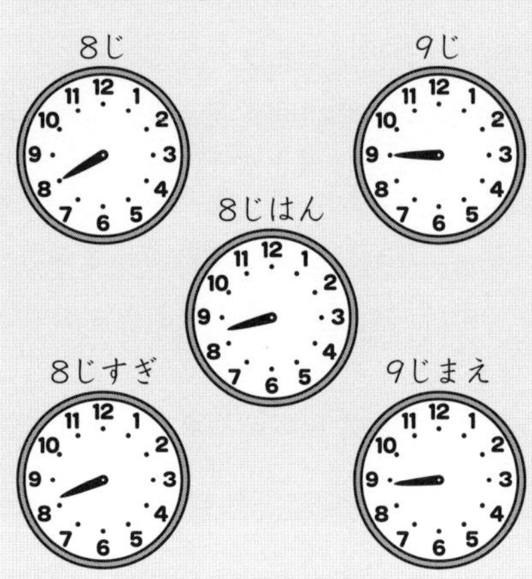

「８時」の長針の位置から「８時12分」と考える子がいる。長針が12を指していても「８時」であることは教えることである。

2 長い針がなくても 何時かわかるかな？

「８時」を提示用時計で示し「これが８時です」と教える。長い針の先の数字を見ればわかることを教える。「９時」「10時」を読んだ後，長針をはずし「８時」から「10時」を読み直す。針を動かしながら，ぴったりの時刻になったときに，時刻を言わせるとよい。

3 時計は短い針１本だけで 大丈夫だね

短針を数字にあて時刻を聞いていく。「時計は短い針１本だけで大丈夫だね」と言いながら「○時半」の時刻を聞く。何時半なら数字と数字の中央に短針があればいいことがわかる。その後，短針を正時から少しだけずらして見せる。すると時間がわからなくなる。

本時の評価

・短針だけをもった時計を使って，時刻をよんだり，表したりする活動を通して，「何時何分」までの時刻を表すには，時計の文字盤の数字と数字の間に短針があればいいことや，長針の役割について考えることができる。

準備物

短針だけにできる提示用時計（時計の図。パソコンソフトで短針だけにできるソフトもある。掲示用針のない時計プリント

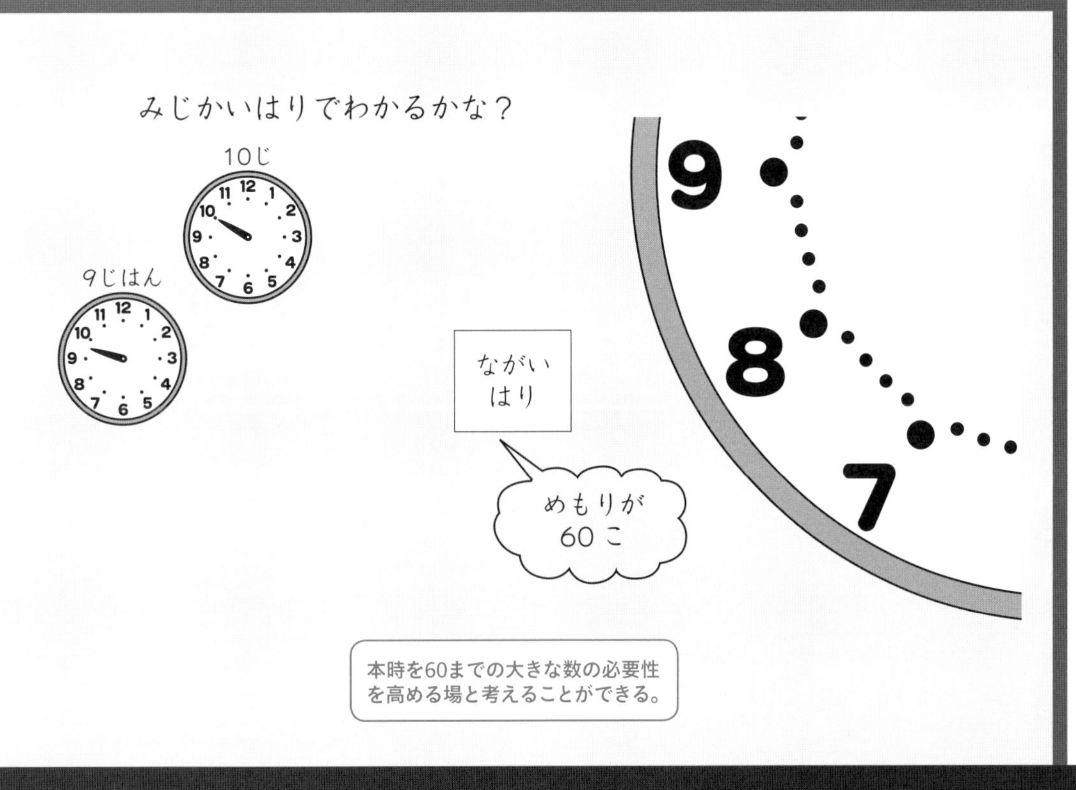

4 「何分」は長い針が表すんだね

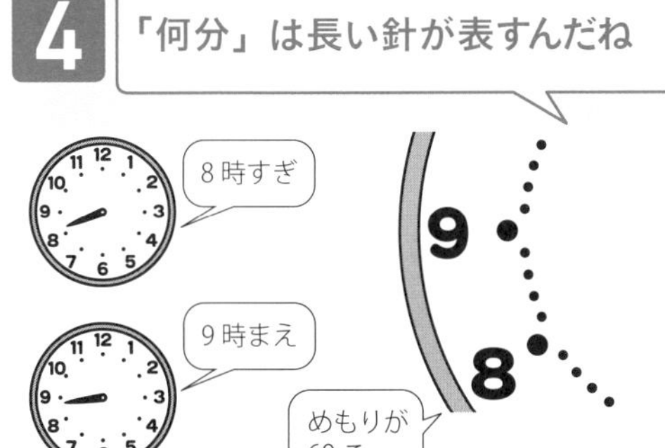

短針を数字と数字の真ん中からずらし「○時すぎ」「○時まえ」の表現でもだいたいの時刻を表せることを確認する。しかし，正確な時刻はわからない。そこで「何分」を表すために長針が必要になっていく。

指導時期について

本時を12までの数を学習する前に取り上げることもできる。11，12を10と同様に１つの数として見る時期と考えればよい。これは英語の読み方と同様である。

60までの数を学習する前に長針の役割が「何分」を表すことを教えてもよい。その場合は細かい読み取りをさせる必要はない。日常生活に必要な時刻，例えば休み時間の終わりの時刻10時10分を教えるときに，「長い針が２のところ，これが10時10分ね」のように教えていくとよい。子どもが生活で必要な時刻を１つずつ理解していくことが，２時間目以降の理解に役立っていく。

本時案　授業 DVD

とけいをよもう（1時間目は何時，何時半を読む）

2/4

本時の目標

・長針・短針をもった時計を使って，何時何分までの時刻をよんだり，表したりする。

授業の流れ

1 12時10分の時計の針はどこ？

12時10分をこうする気持ちわかる？

児童用時計文字盤プリントに12時10分の長針と短針をかき入れるように指示する。

一人で考える時間をとる。その後，提示用の時計文字盤コピーで10を指し，「12時10分の長い針をここ（12時50分）にする人の気持ち，わかりますか？」と聞く。すると「10って書いてあるから10分だと思っちゃう」と答える。

12じ 10ぷんの
とけいのはりはどこ？

1めもりが
1ぷん

12じ
10ふん

授業の中で子どもが2つの問いを作り，どちらを先に解決していくかを子どもにゆだねる場面である。子どもたちが問題解決場面を決めていく練習をしていると捉えることができる。

黒板提示用の時計を使わずに，黒板にその場でかいていく方法もある。最初から出来上がっている時計よりも，文字盤や目盛りができていく過程を子どもと一緒に作っていくと，時計の仕組みが理解できる。

2 そこは12時10分じゃない

「12時10分じゃない」という発言を板書する。「12時10分じゃないとすると…10のところは何分になるよ」と言っている子どもと，「12時10分はこっちだよ」と言っている子どもの2つの話題が出されていることを確かめ，どちらの課題を先に考えるか子どもたちに決めさせる。

3 12時10分はどこなのか？

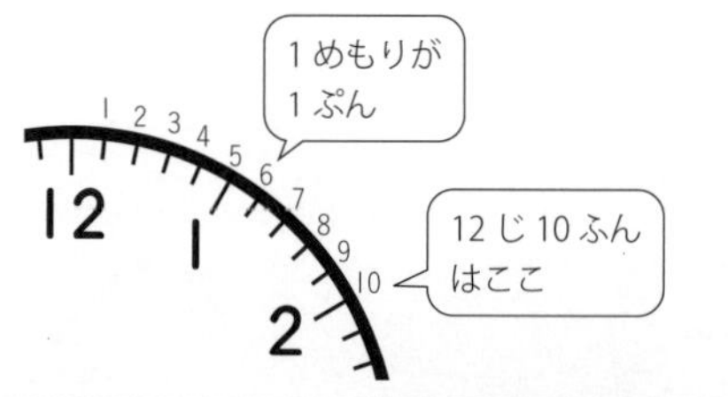

「12時ちょうどから，10目盛り分進む」という子の発言を元に，時計の1目盛りが1分で，10分は10目盛りまで進むことを確かめる。そして，「1目盛りは1分」と板書し，時計に1ずつ目盛りを書き込む。時計の文字盤の1が5分を2が10分であることを確かめる。

本時の評価

・時計の１目盛りが１分ずつになっていることを理解し，５分ずつ，10分ずつの目盛りが時計の数字に対応していることがわかる。

準備物

①児童用時計文字盤プリント
②①を提示用に拡大コピーしたもの
③提示用大型時計模型
④児童用時計模型

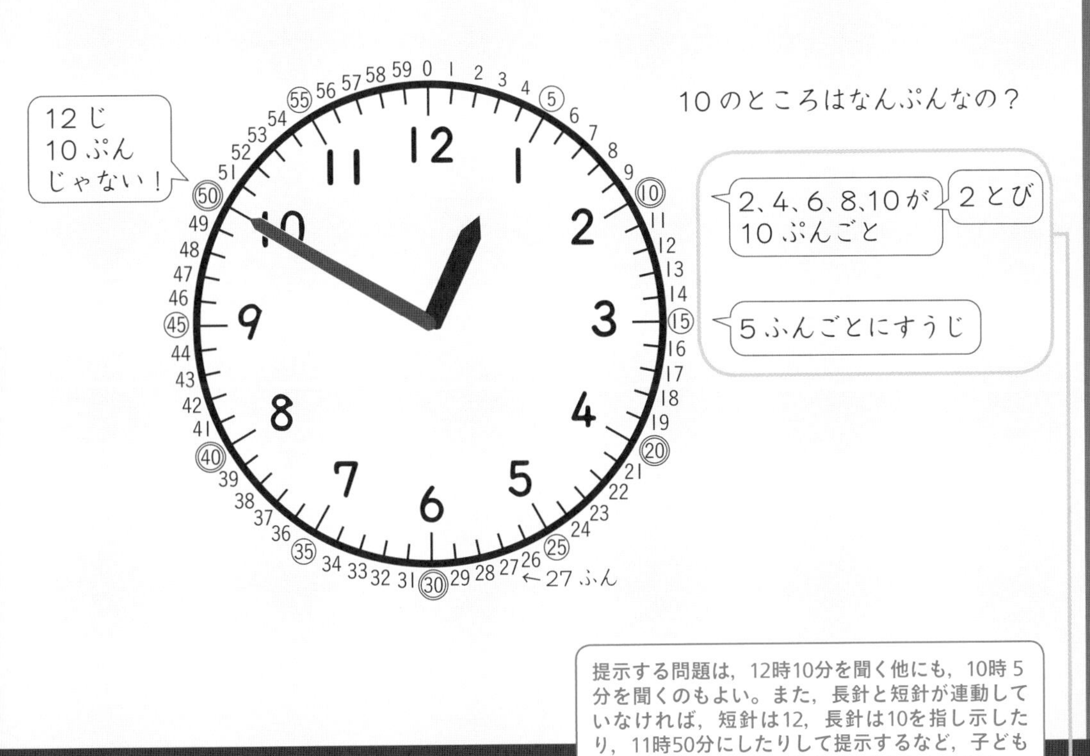

提示する問題は，12時10分を聞く他にも，10時５分を聞くのもよい。また，長針と短針が連動していなければ，短針は12，長針は10を指し示したり，11時50分にしたりして提示するなど，子どもたちの実態に合わせて変えていくこともできる。

4 10のところは何分なのか？

30 ぷん よりも 多いはず
数字は 5とびに なっているよ
2，4，6，8，10 が 10 とびになっているよ

「６のところが12時半で30分だからそれよりも多くなるはず」と他の数のわかっている時間を使って考えていればほめる。

「２とびの２，４，６，８，10のところが10分，20分，30分，40分，50分ってなっているよ」「時計の数字は，５分ずつ増えている」ことを使って考える。

5 もっと早くわかるよ

たとえば 27 分なら
20 分
25 分
5 が 25 分だから あと 2 つで 27 分

時計の目盛りは，まずは10分刻み，次に５分刻み，最後は１分刻みと読めば，早く数えられることも子どもの言葉で説明させたい。

時計の文字盤は「１目盛りが１分」「５分ごとに数字」「２，４，６，８，10が10とびになっている」がそのまま本時のまとめとなる。

本時案

生かつじかんをふりかえろう

3/4

本時の目標

・いろいろな時刻を模型で表しながら，自分の日常の生活時間を振り返る。

授業の流れ

1 起きてから寝るまでを並び替えてみよう

じゅぎょうが はじまる

おきる

いえをでる

家庭に事前に連絡して「朝起きてから寝るまでを時計で見てみよう」と投げかけておく。

①朝起きたとき　②家を出るとき

③授業が始まったとき　④給食準備のとき

⑤学校を出るとき　⑥寝るとき

時計とカードを時間順に並べ，デジタル表示を書き込んでいく。

おきてからねるまで

6:00　おきる　6じ

7:30　いえをでる　7じはん

8:45　じゅぎょうが はじまる　8じ45ふん

時計の文字盤と，生活を表すカードを並べながら，時間を確定させていく。デジタル表示などはあとから記入していく。

2 時計の模型で表そう

7じはん
だから
長い針が9で
短い針が9の近くで

一人一つの時計の模型を持たせ，調べてきた時刻を模型で表す。そして，プリントの時計に針をかきこむ。友だちと自分の生活の時間と似ている所，違うところを見つけながら，かかれた表示があっているかどうか見直していく。表示を間違えたときには模型で確認する。

3 3になっていないのに3時なの？

3じ5ふんまえ
ともいいます

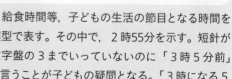

あと5ふんで
3じだから

給食時間等，子どもの生活の節目となる時間を模型で表す。その中で，2時55分を示す。短針が文字盤の3までいっていないのに「3時5分前」と言うことが子どもの疑問となる。「3時になる5分前」「あと5分たつと3時になる」「もう少しで3時だよ」と言いかえられると理解できる。

本時の評価

・時刻を日常生活と関連させることで，時計を進んで活用できる。

準備物

・児童用時計模型
・時計の文字盤プリント
・時計日記用紙

3じ5ふんまえ

3じになっていないのに？

あと5ふんで3時
もう少しで3時

とけいにっきをかこう

きゅうしょくは
12じ10ぷんから
はじまります。

がっこうをでたのは
2じ40ぷんです。

ねたのは
8じ50ぷん
でした。

4 日常生活と時間を結び付けて日記を書こう

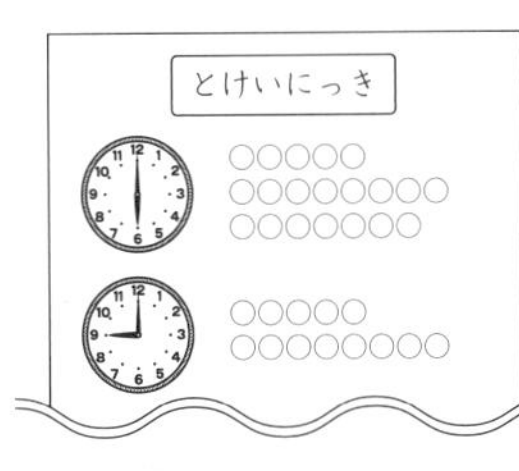

次のような時刻の入った日記を書く。「今日は６時15分に起きました。朝ごはんは７時に食べ始めました。家を出たのは７時40分です。学校には８時につきました」。日記の文に合わせて時計に針を記入する。日記を書くことで時間を意識して生活するようになる。

時計の60個の目盛りを数直線と同様にみる

60までの数を学習したのちに，本時に入る。時計の曲がっている目盛りをまっすぐ伸ばしていけば，60個の目盛りのある数直線となる。60の目盛りを１つずつ数えることもさせたい。５とびや10とびで数えていく方法もくり返しながら，時刻を読めるようにしていきたい。また，20分，30分，40分，50分まで一気に読んでから５分ずつ読み，最後の１分ずつと細かい目盛りを読み取ると早く読めることも覚えていきたい。

時計の目盛りを読めるようになるのには時間がかかる。生活と結び付けながら，読める時間を増やしていくとよい。

本時案

めもりで すごろく

本時の目標

・時計の目盛りは数の線を円にしたものと同様であることを，すごろく遊びをすることで理解していく

授業の流れ

1 60までのすごろくをしよう

先生と代表の子どもでじゃんけんやサイコロを使ってすごろく遊びを見せる。遊び方は学級の実態によって変わってよい。途中に「○目盛り進む」「○目盛り戻る」などをつけてもよい。

かずのせん

0 10 20

1 2 3 4 5 6 7 8 9 10 15 20 25 30 35 40 45 50 55

12 1 2 3 4 5 6 7 8 9 10 11

2 時計の目盛りに数字を書き入れよう

子ども用の時計の文字盤プリントを配付し，目盛りに数字を書き入れていく。書き入れながら唱えると間違ったことに自分で気づいていける。

120までの数を学習していれば，２つ目の時計の目盛りにも数を書き入れる。

3 数カードですごろく

数カードをひいて出た数ですごろくをする。２枚ひいてたし算の答えですごろくをすることもできる。他にも３枚ひいて合わせた答え，２枚ひいて大きい数から小さい数をひいた答えなど，子どもたちの発想でルールを変えていくとよい。

本時の評価

・サイコロの目と時計の目盛りを対応させてすごろくを楽しむことができる。

準備物

・掲示用時計,児童用時計の文字盤プリント
・数字を記入できるさいころ（鉛筆に油性のペンで数字を書いてもよい）
・たし算，ひき算カード

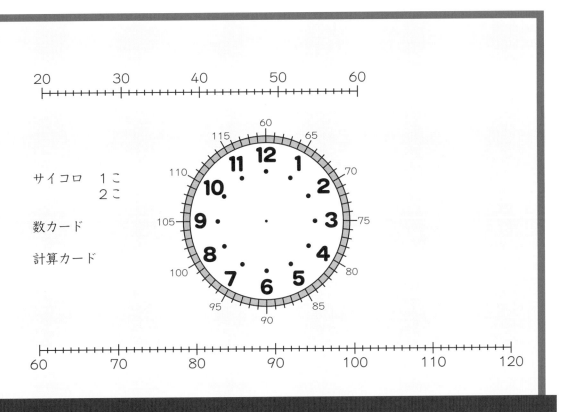

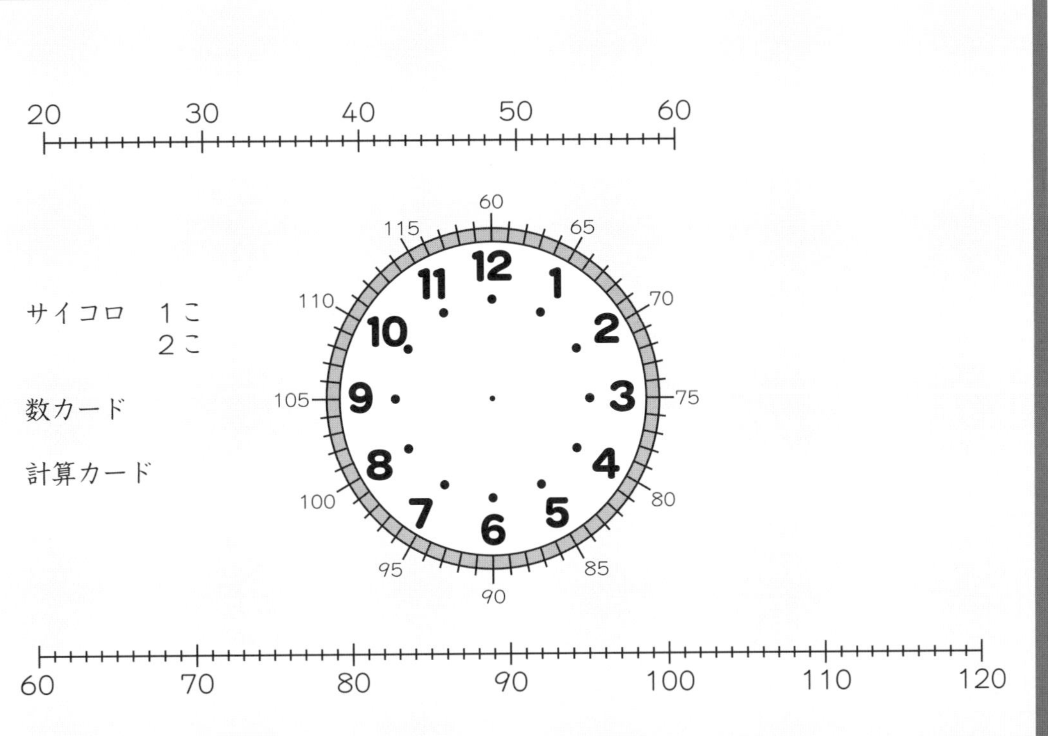

4 さいころですごろく

繰り上がりのたし算をさせたいときには4から9を記入したさいころを2個使う。繰り下がりのひき算のときには10から15と6，6，7，7，8，9のさいころを使い，大きい数から小さい数をひくとよい。

5 計算カードですごろく

たし算，ひき算カードを引いて，その答えでもすごろくができる。

「10目盛り進む」と時計の目盛りに指示をつけたり，「ちょうど10，20，30に止まったら10目盛り進む」としておくとよい。

9 3つのかずのけいさん （4時間扱い）

単元の目標

・3口の加法，減法および加減混合の計算を1つの式にまとめて表し，これを読むことができる。また，計算の仕方を理解することができる。

評価規準

知識・技能	3口の加法，減法および加減混合の場面や，計算の仕方を理解している。
思考・判断・表現	3口の加法，減法および加減今後の場面をブロックや図などを用いて考え，式に表したり，計算の仕方を考えたりしている。
主体的に学習に取り組む態度	3口の加法，減法および加減混合の場面を式に表すよさを見いだしていく。

指導計画 全4時間

次	時	主な学習活動
第1次 3口の数の加法・減法	1	全部でいくつあるかを考える活動を通して，3口の加法の場面や計算の仕方を理解する。
	2	バスに乗っている人の数を考える活動を通して，3口の減法の場面や計算の仕方を理解する。
	3	作った折り紙の数を考える活動を通して，3口の加減混合の場面や計算の仕方を理解する。
	4	10個のおはじきを並べた形を3口以上の加法の式に表す。

単元の基礎・基本と見方・考え方

(1)演算決定の力を高める

この単元までに子どもたちは，加法は合併，増加，順序数を，減法は求残，求差，順序数についてそれぞれ学んできている。

文章中のキーワードに注目して式をたてるだけでは，３つの数になったとき立式できない子が出てくる。問題場面に合わせてブロックや図で関係を把握し，演算を確実に決めていく力を付けていく単元ととらえたい。

授業の後半の練習問題の場面では，逆に式から問題場面を考える活動も取り入れていく。

なお，問題提示には具体的なものや絵などを用意することも考えられるが，半具体物であるブロックや画用紙だけで「〜とみる」ことができるように授業をつくっている。学級の実態に合わせて，抽象化する段階を意識してつくっていけるとよい。

(2)３口の数でも，加法や減法の式に表せることを知る

これまでは２つの数を加法，減法で表すことはしてきた。３つの数であれば，式を２つに分けて考えるのが既習を生かした自然な学びである。答えも確実に出せる。しかし，今回は２つの式で表現できた場面を１つの式に表し直すことを学んでいく。これはこれまでに学習してきた加法と減法の意味を広げていくことになる。具体的な場面と関係づけながら，３つの数を１つの式に表すよさを子どもたちに感じさせていきたい。

(3)繰り上がりのある加法，繰り下がりのある減法の素地となる活動

10より大きい数を学習した後に，10のまとまりを作るよさも練習問題の中で扱っていった。この活動はこの後に学習する単元「繰り上がりのある加法」「繰り下がりのある減法」の素地となっていく活動である。

「たして10になる数に１位数をたす」のは繰り上がりのある加数分解のたし算の素地となる。「10から１位数をひいて，１位数をたす」のは繰り下がりのある減法（減加法）の素地となる。素地活動であるので，たくさんの練習をして素早くできるようにする必要はない。場面の意味を理解しながら，場面と関連付けて式を見ていく活動を大切にしたい。

なお，本単元で扱っているのはすべて左から順に計算していく問題である。３＋１＋９を３＋（１＋９）のように10をつくっていくと計算しやすくなる問題は扱っていない。これは，「繰り上がりのある加法」の単元で被加数分解の形で扱っていくと考えているためである。

本時案

3つのかずのたしざん

本時の目標

・3口の数の加法の式の意味を理解し，その計算をすることができる。

まつぼっくりをひろいました。
ぜんぶでなんこになりましたか？

ふくろの代わりの
画用紙

まつぼっくりの絵を用意してもよい。しかし，ブロックを松ぼっくりに見立てて考えられるようにもしていきたい。

授業の流れ

1 全部で何個になりましたか？

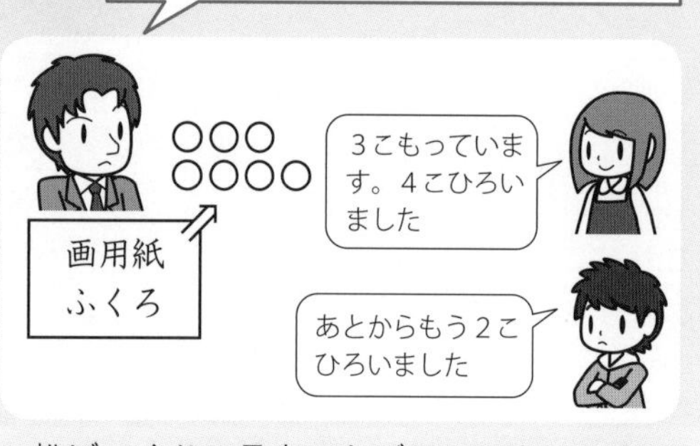

3こもっています。4こひろいました
あとからもう2こひろいました
画用紙
ふくろ

松ぼっくりに見立てたブロックをはりながら，たし算の場面であることを確認する。3つ目の条件を示す前に画用紙でおはじきをかくして答えの見えない状態にする。そして，ふくろの代わりの画用紙の下にあとからひろった2こを入れて，問題場面とする。

2 順番にたせばいいね

3こもっています
4こひろいました
2こひろいました

3＋4＝7
7＋2＝9

□□□ ← □□□□ ← □□

たし算の場面を問題の順に2つの式で答えを出していく。松ぼっくりに見立てた黒板のブロックを式に合わせて操作していく様子と見比べ順番にたして式にしていることを確かめる。

3 1つの式で表す方法

1つのしきにすると？

3＋4＝7
7＋2＝9
→ 3＋4＋2＝9（3＋4 → 7）

子どもから「1つの式にできる」ことに気づかない場合は，「2つの式でも表せますが，1つの式でも表すことができます」と1つの式の表現方法を教える。2つの式の計算の仕方と比べながら計算していく。

本時の評価

・3口の数の加法の式に現すことができ，計算で答えを出すことができる。

準備物

・ふくろの代わりの画用紙
・黒板掲示用おはじき，ブロック

3＋4＝~~7＋2＝9~~

2つのしき ⇒ 1つのしきにすると？

3こもっています。
4こひろいました。
2こひろいました。

3＋4＝7
7＋2＝9
} 3＋4＋2＝9（3＋4→7）

じゅんばんにたす

□□□ ← □□□□ ← □□

①2＋3＋5（2＋3→5）

②4＋6＋2（4＋6→10）

③8＋2＋3（8＋2→10）

3口の数でもたし算が成り立つことは，これまでのたし算の意味を広げることになる。当然できるという扱いではなく，ていねいに式化していく。

4 等号の意味

3＋4＝7＋2＝9

3＋4の答えが7＋2になっちゃうよ

3＋4が9になっちゃうよ

2つの式を1つにしようとすると，上のように式を表す間違いを子どもはする。時系列に考えたことをそのまま表現しているためである。時系列の考え方は認める。しかしその上で，「＝」の意味は左辺と右辺が等しいことを表していることを教える。

5 10を作って計算しよう

たかし君はどんぐりを4こもっていました。
ひる休みに6こひろいました。
かえりに2こひろいました。
1つの式にすると……

ブロックを操作しながら3口のたし算の練習をする。10を作って求める計算は繰り上がりのたし算の計算の素地となる。

計算を提示するときには具体的な問題場面を子どもと作りながら示していくとよい。

本時案

3つのかずのひきざん①

本時の目標

・3口の数の減法の式の意味を理解し，その計算をすることができる。

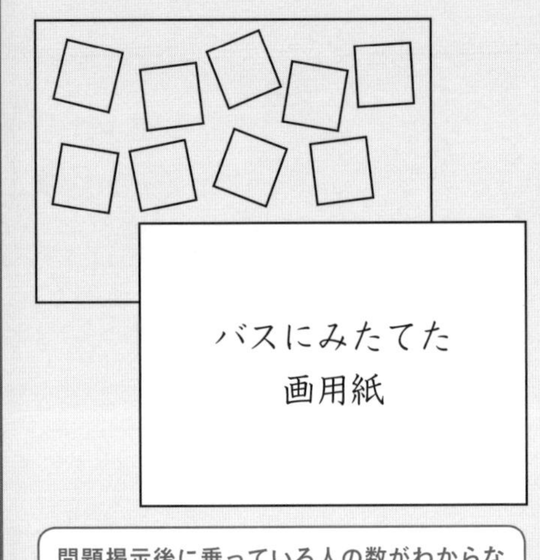

授業の流れ

1 バスに何人乗っていますか

バスになん人のっていますかと板書し，9このブロックを並べる。画用紙はバスであることを伝え，ブロックをかくす。画用紙の下に手を入れて2つのおはじきをとって，「2人降りました」と伝える。その後さらに3人降りたことを示す。

2 順番にひけばいいね

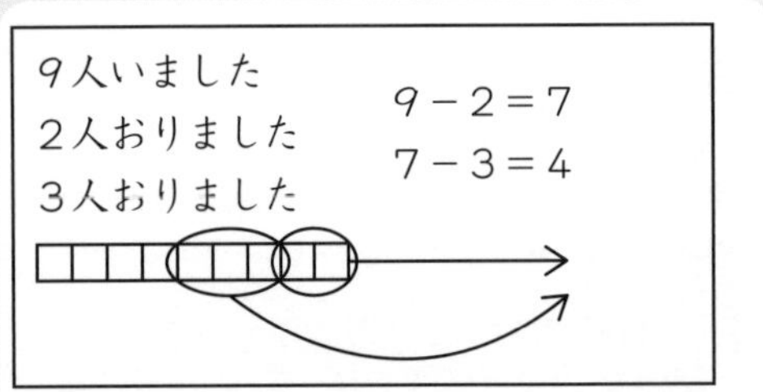

場面が減法の場面であることを理解したら，時系列に2つの式に表す。問題場面と式とブロック操作と結びつけながら計算で答えを出していく。画用紙を外して，その後，計算のしかたを確かめる。

3 1つの式にできるかな

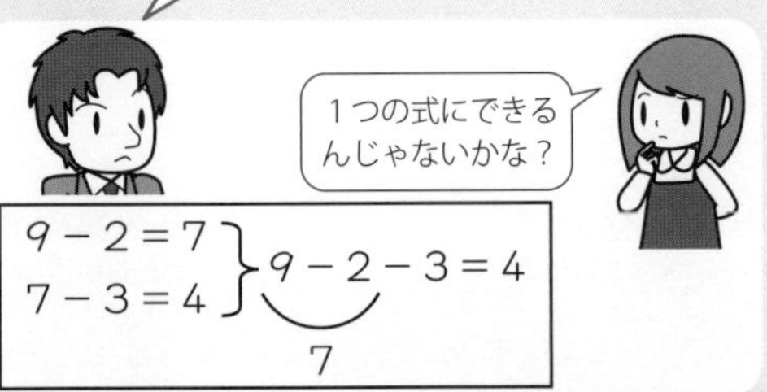

1つの式にできるんじゃないかな？
9－2＝7
7－3＝4
9－2－3＝4
7

前の時間に2つの式を1つに表しているので，ここでは子どもから「1つに式に表せる」ことを引き出したい。「2つの式で表すことができましたね」と強調したり，「2つの式でないと表せませんね」のように確かめたりすると子どもは考えていく。

本時の評価

・３口の数の減法の式に表すことができ，計算で答えを出すことができる。

準備物

・４つ切り画用紙
・黒板掲示用おはじき，ブロック

２つのしき ⇒ １つのしきにできるかな？

9人いました。
2人おりました。
3人おりました。

9－2＝7
7－3＝4

9－2－3＝4

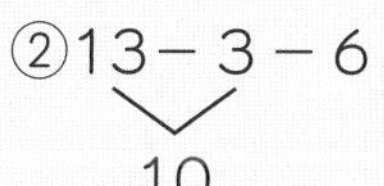

①10－3－4（10－3＝7）

②13－3－6（13－3＝10）

③15－5－7（15－5＝10）

9－2＝~~7－3＝4~~

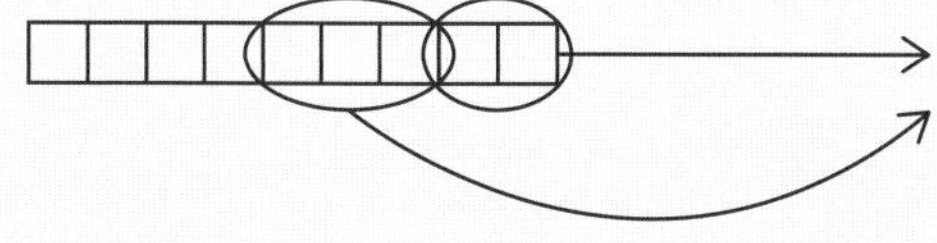

たし算のときに３つの数でも１つの式にできたことを，ひき算のときにも同様にできるのではないかと，考えられるようにしたい。

4 １つの式に表すときに注意することは？

どんなふうにまちがえると思う？

9－2＝7－3＝4

そのままつづけちゃう

9－2は7－3じゃない

前の時間に１つの式に表すときに等号でよくしてしまう間違いについて話し合っている。２時間目なので，「どんな間違いがあるか予想できるかな？」と聞いてみるとよい。前時の理解度を確かめることができる。

5 10から引く計算をしよう

13人乗っていました

最初に３人降りました

次に６人降りました

何人乗っていますか

10からひく計算，10を作ってからひく計算の練習をする。10ができるとその補数を考えれば良いので，計算が楽になるこを意識させたい。これが繰り下がりのひき算の素地となっていく。式をしめしたあとに，問題場面を子どもと考えていけるとよい。

本時案

3つのかずの ひきざん②

本時の目標

・3口の数の加減混合の式の意味を理解し，その計算をすることができる。

授業の流れ

1 何個になったでしょう

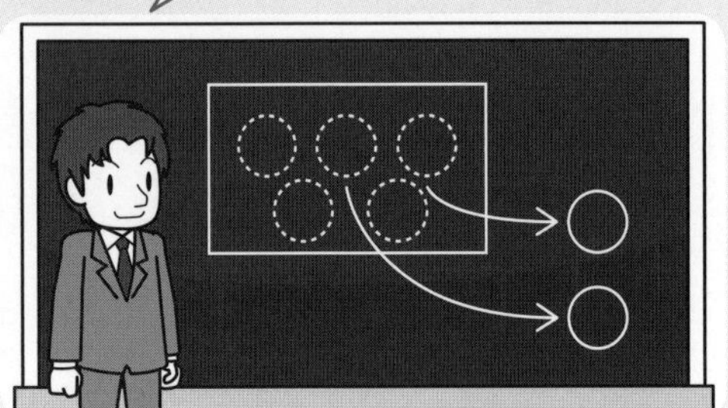

折り紙の犬に見立てたおはじき5個を机の代わりの画用紙の下に入れる。そこから「2個あげました」と言って2個のおはじきを取り出し，板書した手のひらに乗せる。その後さらに4個作って画用紙の下に入れておく。

（おりがみで）
犬をつくりました。
なんこになったでしょう。

4こ

机の代わりの
画用紙

あげる

友だちの手に2この犬をあげたことを示す手のひらの絵である。あげたので机の中にはないことを示している。

2 ひき算をしてから たし算しているね

5こつくった
2こあげた
4こつくった

5－2＝3
3＋4＝7

つくった
あげた

ひき算をしてからたし算をしているね

ひき算をしてからたし算をしている場面であることを捉え，時系列に2つの式に表す。問題場面と式とブロック操作と結びつけながら計算で答えを出していく。その後，画用紙を外して，答えを確かめる。

3 1つの式にできるかな

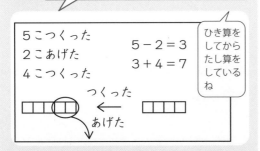

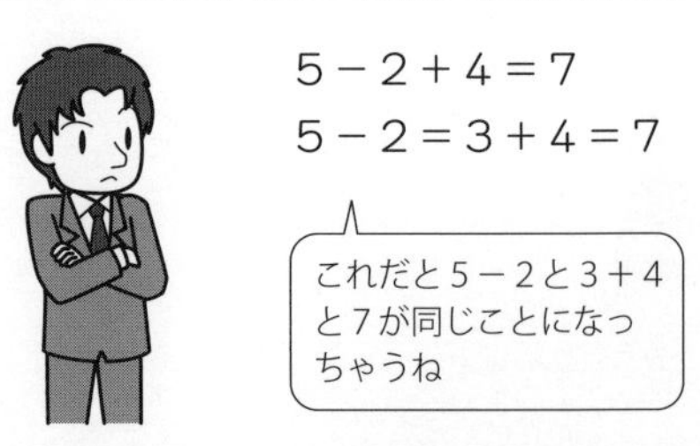

5－2＋4＝7
5－2＝3＋4＝7
これだと5－2と3＋4と7が同じことになっちゃうね

ひき算とたし算の両方が1つの式に入ってくることを確かめながら，式を作る。先に計算しているところを書き加えながら，左から順番に計算していく。5－2＝3＋4＝7のようにしないことも確かめる。

本時の評価

・３口の数の加減混合の式に表し，計算で答えを求めることができる。

準備物

・４つ切り画用紙
・黒板掲示用おはじき，ブロック

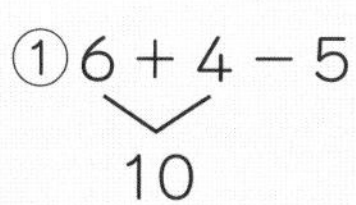

犬を５こつくりました。
２こあげました。
また４こつくりました。

5－2＝3
3＋4＝7

5－2＋4＝7
3

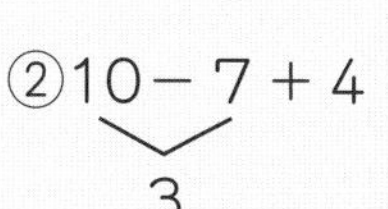

5－2＝3 ~~＋4＝7~~

③13＋4－6
17

３口の計算は左から順に計算していく。たし算のみのときは右から計算しても変わらないが，ひき算が入ると左から計算しないと答えが変わってくる。本時で扱う４問は，右から計算すると間違いに気づく数値になっている。

4 10ができると計算しやすいね

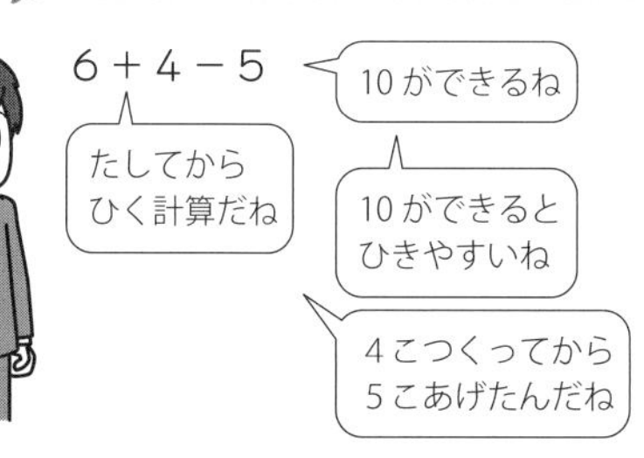

6＋4－5
10ができるね
たしてから
ひく計算だね
10ができると
ひきやすいね
4こつくってから
5こあげたんだね

練習問題として，ひき算とたし算が逆になり，先にたし算をする場面を式にする。10になると計算がしやすくなることを確かめる。

10からひいてから加える計算，10いくつからひく計算の復習の場面にもなる。

5 どんなお話なんだろうね

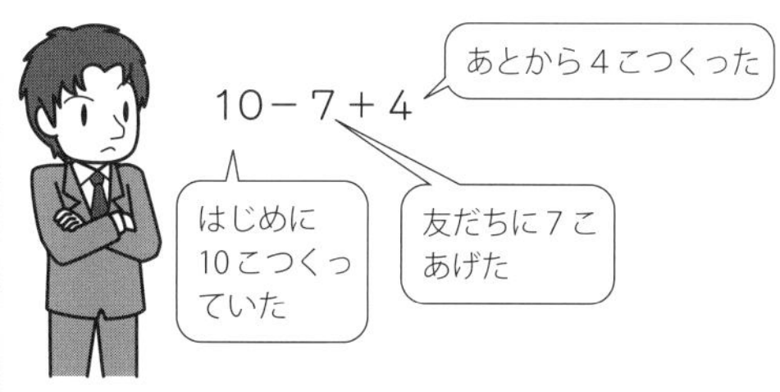

10－７＋４の式になる問題を作ると式を読む活動になる。場面の様子をブロックで表したり，絵で表したりすることで，３口の計算の理解を深めていくことができる。

本時案

10こならべたかたちのしきをつくろう

本時の目標

・10個のおはじきを並べた形を式に表す。また，式を読み，どのように並んでいるのか考える。

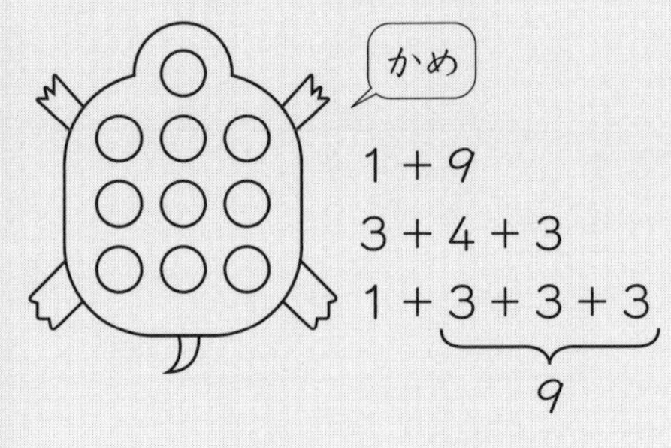

10 こならべて、しきをつくろう
かめ
1＋9
3＋4＋3
1＋3＋3＋3
9

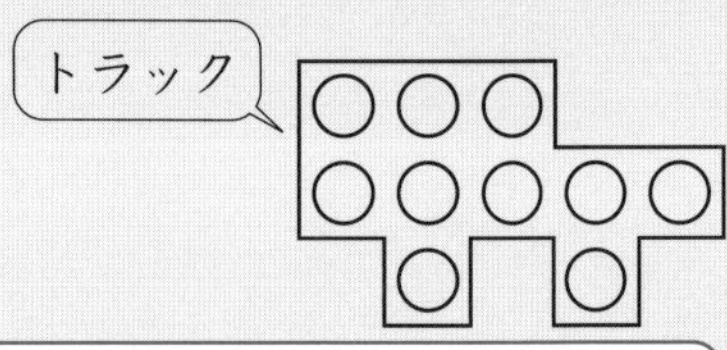

複数の式が出てきたときに，それぞれの式の同じところを教師から示していくと，子どもも同じところを見ようとしていく。

授業の流れ

1 かめを式に表そう

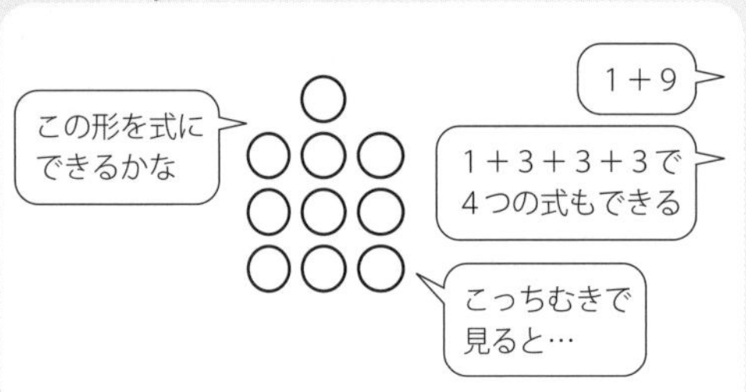

この形を式にできるかな
1＋9
1＋3＋3＋3で4つの式もできる
こっちむきで見ると…

おはじきを並べて作ったかめの形を見せる。「ブロックが10個あります。この形を式にできるかな」と投げかける。

1＋9はすぐにできる。9を3に分けて，1＋3＋3＋3のように4つに分ける式もできる。見方を変えて縦に3つに分けて3＋4＋3の式もできる。

2 10個を並べて，式を作ろう

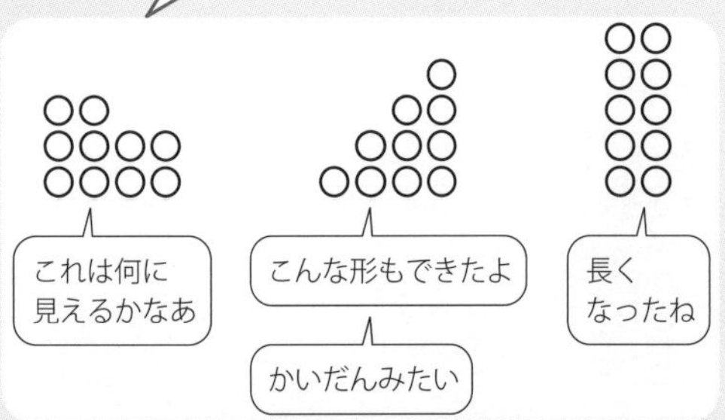

これは何に見えるかなあ
こんな形もできたよ
かいだんみたい
長くなったね

かめの形から式を作ったのと同様にして，ブロックで形をつくり，式に表す個人での学習に入る。

机間巡視をしながら，わかりやすい形をみつけ，黒板におはじきで形を作る。

3 どんな式になるかな？

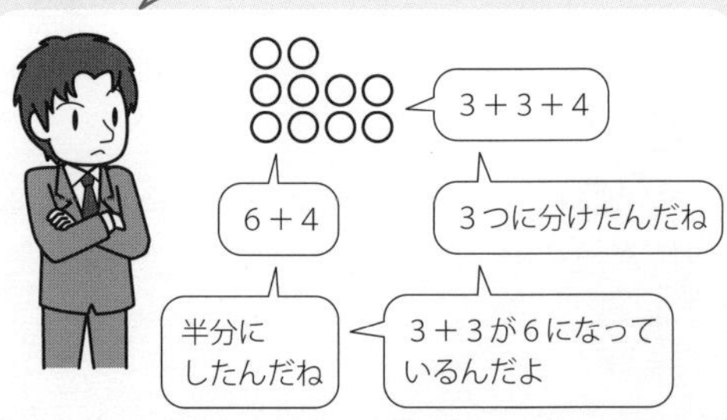

3＋3＋4
6＋4
3つに分けたんだね
半分にしたんだね
3＋3が6になっているんだよ

黒板にできた形の式を考え，ノートに書く。同じ形でも式の表し方は変わってくる。「この6がこっちの式では3＋3になっているんだね」のように，式と式の同じところが見えるように示すとよい。

本時の評価

・10個のおはじきを並べた形を式に表すことができたか。また式から形を考えることができる。

準備物

・黒板掲示用おはじき，ブロック
・児童用ブロック

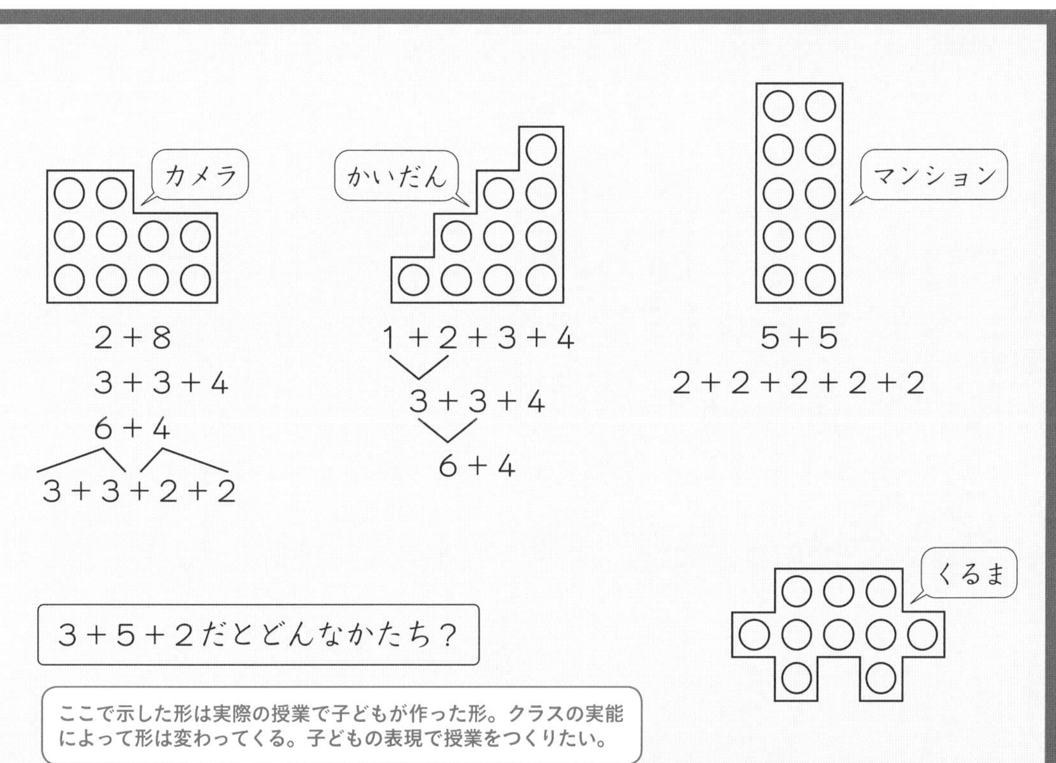

ここで示した形は実際の授業で子どもが作った形。クラスの実態によって形は変わってくる。子どもの表現で授業をつくりたい。

4 式が変わっていくね

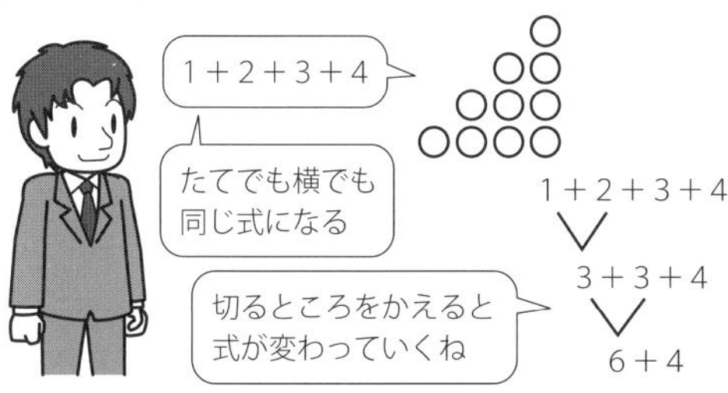

1＋2＋3＋4
たてでも横でも
同じ式になる
切るところをかえると
式が変わっていくね
1＋2＋3＋4
3＋3＋4
6＋4

階段のような形では1＋2＋3＋4のように4口の式になる。マンションの形では2＋2＋2＋2＋2のように5口の式になる。また，カメラの6＋4が3＋3＋2＋2とそれぞれがわかれることもある。

5 3＋5＋2だとどんな形だと思う？

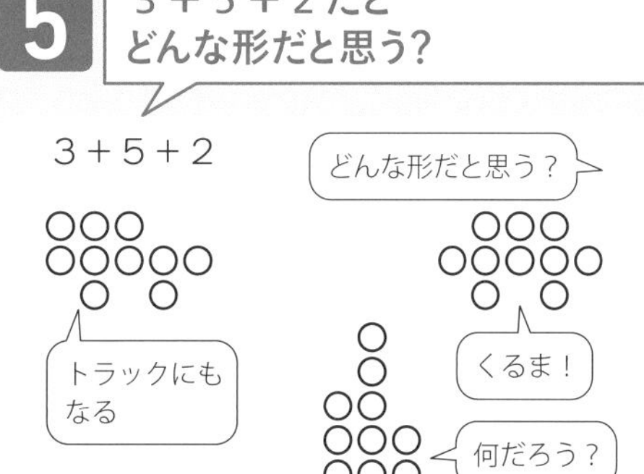

3＋5＋2
どんな形だと思う？
トラックにも
なる
くるま！
何だろう？

形から式をつくってきたが，最後は式から形を考える活動をする。子どもがノートに書いた形から作った式を示して，どんな形からできた式か考える。式を読む活動になる。

10 かさくらべ・ひろさくらべ　5時間扱い

単元の目標

・かさや広さの量を比べる方法を考え，具体的な操作によって直接比べたり，他のものを用いて比べたり，いくつ分かで表したりすることができる。

評価規準

知識・技能	①かさや広さの量を具体的な操作によって直接比べたり，他のものを用いて比べたり，いくつ分かで表したりすることができる。
思考・判断・表現	②かさや広さの量を比べる方法を考えることができる。
主体的に学習に取り組む態度	③かさや広さに関心をもち，進んで比べることができる。

指導計画　全５時間

次	時	主な学習活動
第１次 「かさくらべ」	1	２つの入れ物に入る水の量の比べ方を考え，比べる。
	2	３つの入れ物に入る水の量の比べ方を考え，比べる。
	3	３つの入れ物に入る水の量の差を求める方法を考え，同じ大きさの小さな入れ物のいくつ分かで表す。
第２次 「ひろさくらべ」	4	３枚の画用紙の広さの比べ方を考え，比べる。
	5	パターンブロックの広さの比べ方を考え，比べる。

単元の基礎・基本と見方・考え方

(1)「かさくらべ」と見方・考え方

教科書では，水の量を一般的に「かさ」と表現している。１年生の子どもにとって，あまり使わない言葉であるので，まずは，入れ物の中に入る水の量を「かさ」と言うことを知らせ，その言葉に慣れさせたい。

かさを比べるには，長さくらべの時と同様に，「直接比較」，「間接比較」，「任意単位を用いての測定」をする。例えば２つの入れ物がある。どちらに水が多く入るか聞くと，子ども達は，いろいろな方法を考え出すが，その中でも一番単純な方法は，一方の入れ物に水を入れて，もう一方の入れ物に，その水を移し替える方法である。（直接比較）

だが，ここに，第３の容器が出てきて，これも一緒に比較することになると，直接比較では，難しくなる。そこで何か他の同じ大きさの容器に水を入れて，その水の高さで比べる方法をとる。（間接比較①）

さらに，「水の量は，どれだけ多いか」と聞くと，これまでの直接比較や間接比較では，答えることができない。水の量の差を答えるには，同じ大きさの小さなコップのいくつ分かで比べ，「かさ」を数に置き換える必要があるのである。（任意単位を用いての測定）

このかさくらべにおける見方・考え方は，まず，どのようにしたら比べることができるか，いろいろな方法を考えることである。そして，その方法で比べた時に，どのようになったら，かさが多いということになるのか考えることである。例えば，直接比較の水を移しかえる方法で比べた時，一方の入れ物がまだ空いていたら，その入れ物に入る水の量の方が多いということになる。また，間接比較①で比べた時，高さが高い方が水の量が多いということになる。１年生であっても「どのようになったらかさが多いということになるのか」根拠をもって活動させることが大切である。

さらに，次のようなことも見方・考え方としてとらえられる。本書の事例にもあるように，２つの入れ物を提示した時，子ども達は，上記のような直接比較や間接比較①，さらに，大きな入れ物に入れて印をつけて比べる（間接比較②）の方法を考えた。そして，実際にその方法で比べたあと，３つの入れ物を提示した。すると，直接比較や間接比較②の方法だと難しかったり，面倒だったりすることに気づき，３つの入れ物の時は，間接比較①の方法が簡単にできそうと考えることができた。２つの入れ物の時の方法を振り返って，３つの入れ物の時は，どの方法がよいか考えることも重要な見方・考え方となる。その後，「差」を考える時には，「もっと小さい入れ物に入れよう」と任意単位を用いての測定へと発展していく。

(2)「広さくらべ」と見方・考え方

広さくらべも，まずは「重ねて比べる」という直接比較から学習する。そして，やはり「どれぐらい広いか」考える際に，任意単位を用いての測定を行う。陣取りゲームなど，じゃんけんをして，ます目をぬり，その数で勝敗を決めるような活動も取り入れると任意単位を用いての測定の習熟を図ることができる。また，本書の事例では，パターンブロックを使った広さくらべも取り入れている。パターンブロックを使うと，任意単位を用いる方法やいわゆる「相殺」の方法も出され，今までとは違った見方・考え方をさせることができる。

本時案

かさくらべ①

1/5

本時の目標

・２つの入れ物に入る水の量の比べ方を考え，比べることができる。

授業の流れ

1 どちらに多く入るか考えよう

２つの入れ物のどちらに多く入るかな

でも，イもふといからたくさん入りそうだよ
アがたかいからアじゃないかな

背の高い入れ物（ア）と，背は低いが太い入れ物でアより多く入る入れ物（イ）を準備し，「どちらが多く入るか」と問う。

子ども達は，まず背の高い方が多く入ると考える。だが，「太いから，たくさん入りそう」という子どももいるので，その意見も取り上げる。

1 ２つのいれものがあります。
水はどちらにおおく入るでしょうか。

ア

せがたかい。

イ

せがひくいけど，
ふとい。

2 どのように比べたらいいかな？

どのように比べたらいいかな

1つの入れ物に水を入れて，もう一つの入れ物にうつせばいいよ

大きな入れ物に入れればいいよ

同じ大きさの入れ物に入れればいい

どのように比べたらよいか，考えさせる。子ども達は，それぞれの入れ物に水を入れ，大きな入れ物に移し替えて，その高さを比べる方法などいろいろ考えるだろう。それらの考えを活かしながら，実際にかさくらべをする。

3 うつしかえて考えてみよう

1つの入れ物に水を入れて，もう一つの入れ物に移して比べてみよう

アの入れ物から入れたら，イの入れ物はあまったね。ということは…

どちらに水を入れて移し替えるか，子ども達と相談をし，実際にやってみる。

例えば入れ物（ア）に水を入れ，（イ）に移し替えてみる。すると，（イ）には，まだ入る。このことから，（ア）と（イ）では，どちらが多く水が入るのか考えさせる。また，その逆だったら，どうなるか考えさせる。

本時の評価

・2つの入れ物に入る水の量の比べ方を考え，比べることができる。

準備物

・背の高い入れ物（ア）と，背は低いが太い入れ物（イ）
・大きな入れもの1個
・同じ大きさの入れもの2個

2 〈くらべかた〉
・うつしかえる。
3 →入れものがあまったほうがおおく入る。

4 ・大きな入れものに入れて、しるしをつける。
→しるしがたかいほうがおおく入る。

5 ・おなじ大きさの入れものに入れる。
→たかいほうがおおく入る。

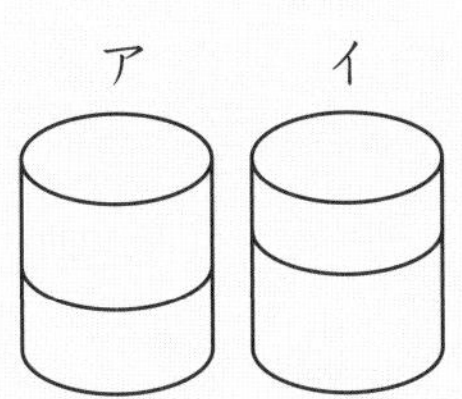

4 大きな入れ物に入れて比べよう

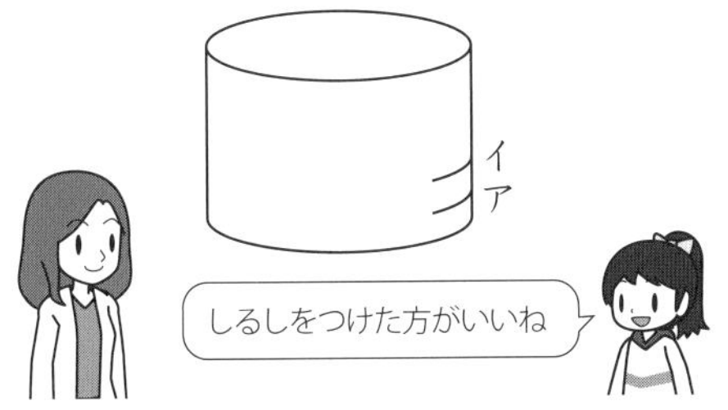

イ
ア
しるしをつけた方がいいね

大きな入れ物を一つ準備し，移し替える。その際，どのようにしたら比べられるか考えさせ，印をつけて，高さを比べることを確認する。

5 同じ大きさの入れ物に入れて比べよう

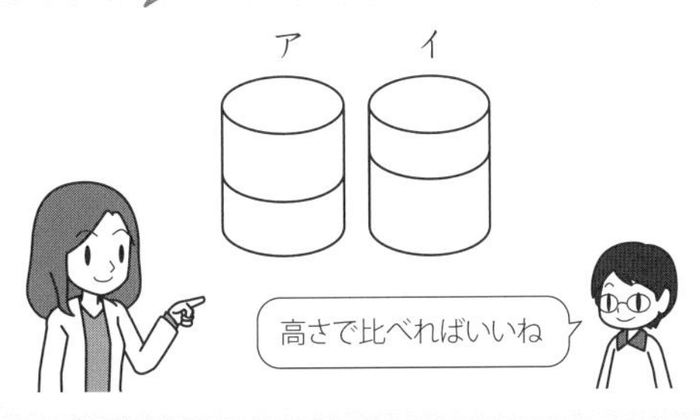

ア
イ
高さで比べればいいね

それぞれの入れ物の水が入る大きさで，同じ大きさの入れ物を2つ準備し，移し替える。

この場合もどのようにしたら比べられるか考えさせ，高さで比べることを確認する。

本時案

かさくらべ②

本時の目標

・3つの入れ物に入る水の量の比べ方を考え，多く入る順番を考える。

授業の流れ

1 どれが一番多く入るかな

3つの入れ物に入っている水は，どれが一番多いでしょうか

3つはむずかしそう
2つの入れ物の時はどのように比べたかな

本時では，3つの入れ物を扱う。まず前時で2つの入れ物で活動したことを想起させ，①～③のように言葉でまとめる。そして，3つの入れ物の水の量を比べるには，どの方法を使えばよいか考えさせる。

1 水がおおく入るじゅんばんは？

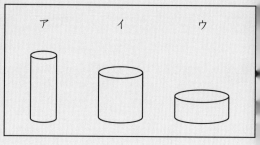

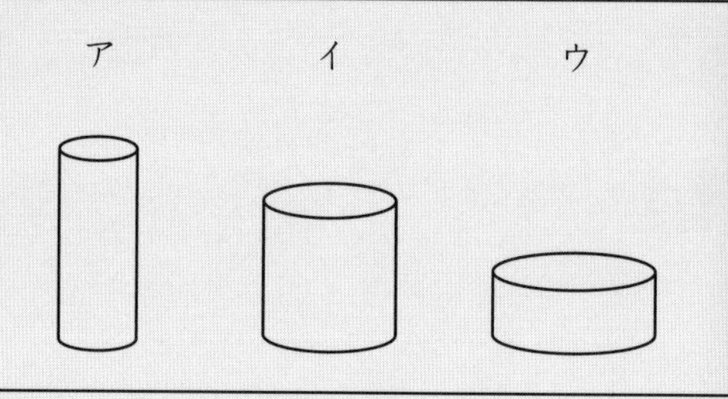

2つの入れもののときは…。

① 水をうつしかえた。→むずかしい。

② 1つの入れものに入れて、水のたかさにしるしをつけた。→めんどう。

③ おなじ大きさの入れものに入れて、水のたかさをくらべた。→かんたんにできそう

2 3つの入れ物に入る水の量を比べよう

2つの入れ物の時のどの方法で比べたらいいですか？

入れ物が3つになると，それぞれの入れ物に水を移し替えるのは難しくなる。子ども達からも「②と③の方法がいい」という声が上がるが，一番簡単に比べられるのは，③であることに気づかせたい。

3 同じ大きさの入れ物に入れて比べよう

同じ大きさの入れ物に入れて比べてみましょう
イの入れ物が，一番水が多く入るね

同じ大きさの入れ物に入れて比べさせる。

できるだけ子ども達に活動させたい。3本の入れ物をグループ毎に準備するのが難しいようだったら，1グループ1本の同じ大きさの入れ物に入れて，グループ同士で比べさせるようにする。

本時の評価

・3つの入れ物に入る水の量の比べ方を考え，多く入る順番を考えることができる。

準備物

・アイウの3種類の入れ物と，同じ大きさの入れ物3個（できればグループ分）
・エオカの3種類の入れもの

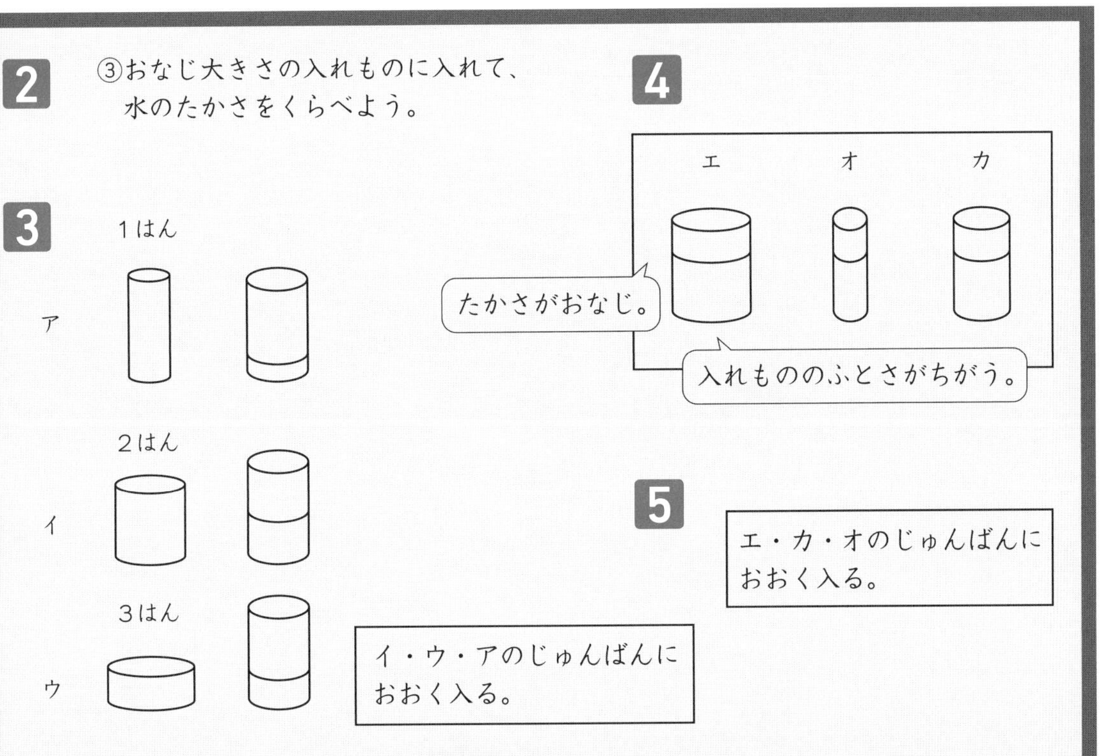

2
③おなじ大きさの入れものに入れて、水のたかさをくらべよう。
3
1はん
ア
2はん
イ
3はん
ウ
イ・ウ・アのじゅんばんにおおく入る。
4
エ
オ
カ
たかさがおなじ。
入れもののふとさがちがう。
5
エ・カ・オのじゅんばんにおおく入る。

次に，大きさの違う3つの入れ物に水が入ったものを提示する。高さを同じにしているため，子ども達は，高さでは比べられないことに気づく。「高さが同じだから，水の量は同じだね」と言うと，「違うと思う」「アが多そう」という声が上がる。

5 どのように比べたらいいかな

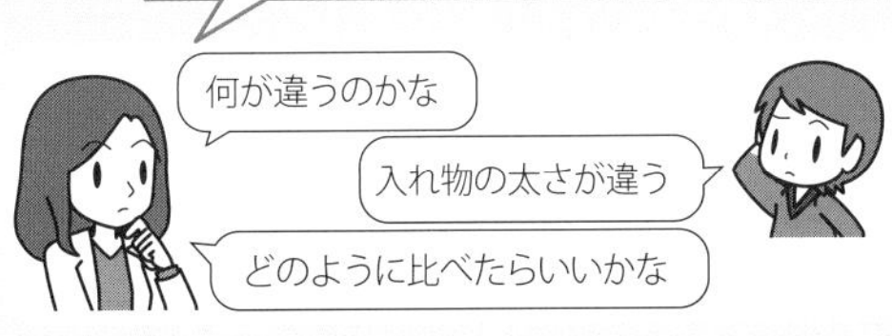

水の高さが同じ時は，どのように比べたらよいか考えさせる。その際，「何が違うのかな」と問うと，子ども達は，入れ物の太さが違うことに気づく。そして，入れ物の太さで比べればよいことに気づかせていく。順番が決まったら，念頭だけでは理解できない子どももいるので，実際に同じ大きさの入れ物に入れて確認する。

本時案

かさくらべ③

本時の目標

・３つの入れ物の水の量を，単位量の小さなコップを使って，そのいくつ分かで比べることができる。

授業の流れ

1 どちらの水の量が多いかな

どちらが多いかな

アとイでは，アのほうがたかいからア

イとウでは，ウのほうがふといからウ

まず前時の復習も兼ねて，アとイ，イとウではどちらの水の量が多いか考えさせる。

アとイではア，イとウではウの方が多くなるように水を入れる。アとウはどちらが多いかわかりにくい。子ども達からそのことが出されれば，その後の単位量（小さなコップ）の比較の際にアとウの２つの入れ物を比べるようにしてよいが，出されない場合は，３つの入れ物を比べるようにする。

1 どちらの水のりょうがおおいかな。

ア　イ

イ　ウ

2 水の量は，どれだけ多いかな

どのように比べたらいいかな

長さくらべの時を思い出そう

高さや太さだけじゃわからないな

消しゴムの何個分で比べたね

本時では，水の量がどれだけ多いかを考えさせる。どのように比べたらよいか考えさせる際には，長さ比べで単位量を使って調べたことを想起させる。「消しゴムの何個分で調べた」「同じ大きさの入れものの何個分で比べればいい」と，子ども達が考えられるようにしたい。

3 小さなコップの何杯分か調べよう

小さなコップの何杯分かな

小さなコップに入れてみよう

「できるだけ小さなコップの方が，どれだけ多いかがわかる」ことを確認したら，グループで活動させる。まず３つの入れ物に印をつけたところまで水を入れさせる。そして，同じ大きさの小さなコップに水を移して，何杯分か調べさせる。できるだけこぼさないように，グループで協力して活動させる。

本時の評価

・どれだけ水の量が多いか，単位量の小さなコップを使って，そのいくつ分かで比べることができる。

準備物

・アイウの３種類の入れ物　グループ分

・小さなコップ（ビーカー14個）グループ分

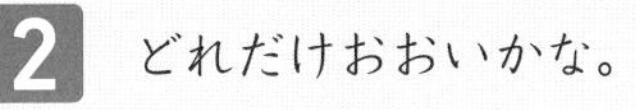

2 どれだけおおいかな。　3 4

小さなコップのなんばいぶんかしらべよう。

ア

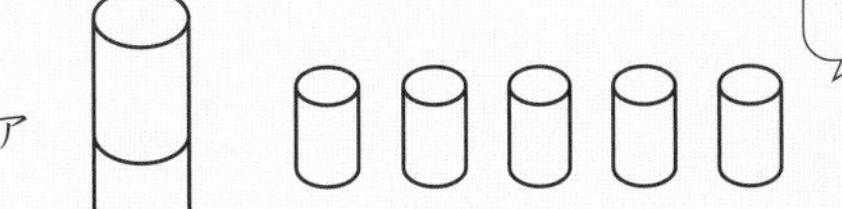

５はいぶん

イ

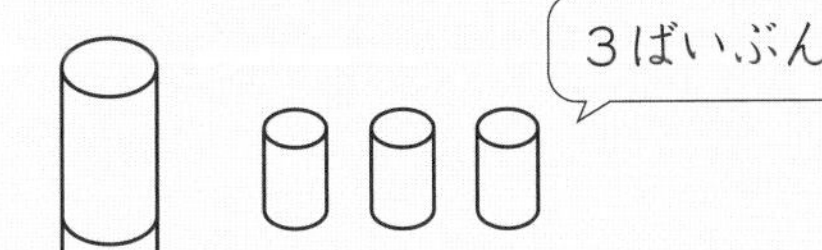

３ばいぶん

ウ

６ぱいぶん

一ばんおおい。

5 ウの水のりょうはどれだけおおいかな。

アとウだったら、小さなコップの１ぱい分おおい。
６－５＝１

イとウだったら、小さなコップの３ばい分おおい。
６－３＝３

4 小さなコップの何杯分だったかな

水の量は，小さなコップの何杯分だったかな
アが５杯分で，イが３杯分，ウが６杯分でした
ウが一ばん水のりょうがおおいね

グループで小さなコップに水を移し終えたら，３つの入れ物の水の量は，それぞれ何杯分だったかを確認する。

こぼれた水のことも考慮に入れ，若干の違いは容認し，クラス全体で何杯分だったかを共有する。

5 ウの水の量は，どれだけ多いかな？

ウの水の量は，どれだけ多いといえるでしょうか
アが５杯分で，ウが６杯分だったら…

小さなコップの数から，その違いが何杯分だったかを考えさせる。

式にも表し，同じ大きさの小さな入れ物に入れれば，違いが数で表せることを確認する。

本時案

ひろさくらべ①

4/5

本時の目標

・３枚の画用紙の広さの比べ方を考え，比べることができる。

授業の流れ

1 どちらが広いかな

２枚の画用紙はどちらが広いでしょうか
かさねてみればいいよ
アのがようしのほうがひろそう

アとイ２枚の画用紙を提示する。まずは，重ねれば広さを比べられるものを提示する。見た目でアの方が広そうだということがわかるが，本当に広いかどうか，比べるにはどうしたらよいかを考えさせる。子ども達からは，「重ねればいい」という声が上がるので，実際に重ねて比べる。

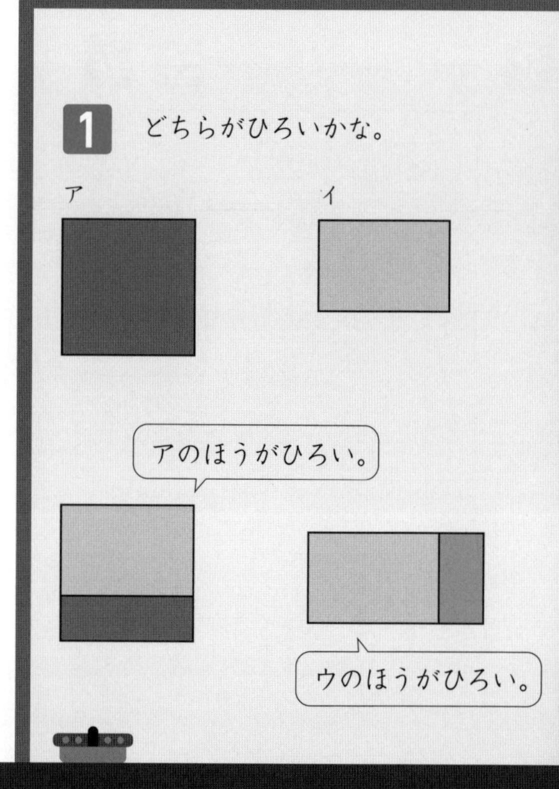
1 どちらがひろいかな。
ア
イ
アのほうがひろい。
ウのほうがひろい。

2 この画用紙はどうかな

この画用紙は，どうかな
これもかさねてみよう
イよりはひろいね
あれ，アとウは，よくわからないな

次に，ウの画用紙を提示する。子ども達は，同じように重ねようとする。すると，アとウは重ねてもよくわからない。そこで，「どのようにしたらいいかな」と問う。子ども達は，「切ればいいよ」と言うだろう。実際に切って比べてみる。

3 切って比べてみよう

どのように切るのかな
まずここのところをきって…

どのように切るのか，子どもに聞きながら実際に，黒板の前で切る。切ったものを重ねていくと，青が ■ の一つ分広いことがわかる。

本時の評価

・アイウの３枚の画用紙の広さの比べ方を考え，比べることができる。

準備物

・アイウの３枚の画用紙（裏にマス目を入れる）
・陣取りゲーム用の紙

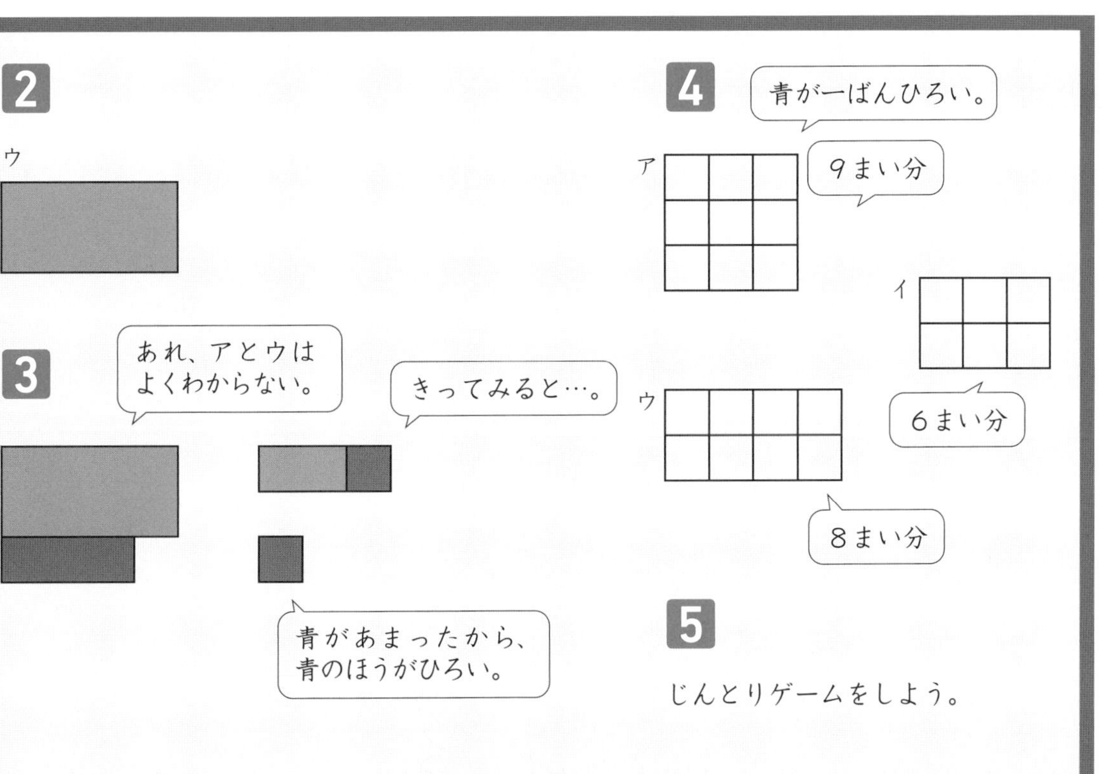

4 ３枚の画用紙は，■のいくつ分かな

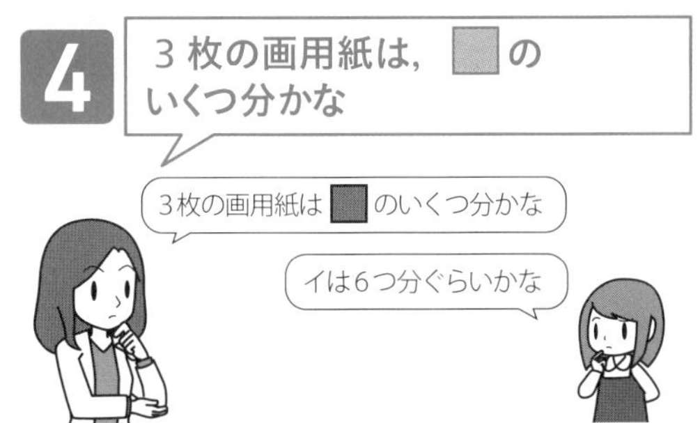

３枚の画用紙は，■のいくつ分かでできていることを知らせ，いくつ分になりそうか予想させる。その後，裏を返し，マス目の数を確認する。

5 陣取りゲームをしよう

最後に，陣取りゲームをする。じゃんけんで勝ったら，１マスぬる。10回じゃんけんをして，広い方を勝ちとするなど，いろいろなやり方で楽しませる。

本時案

ひろさくらべ②

本時の目標

・パターンブロックの広さの比べ方を考え，比べることができる。

授業の流れ

1 ひろさくらべゲームをしましょう

グーでかったらみどりを1こもらえます
赤がいちばんひろいね
青と赤はみどりのなんこ分かな

広さくらべのルールを説明する。子ども達は，「赤が一番広い」と感じるだろう。そこで，赤と青は緑の何個分かを考えさせる。

1 ひろさくらべゲームをしよう。
〈ルール〉じゃんけんをする。

4 グーでかったら

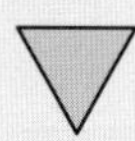

チョキでかったら

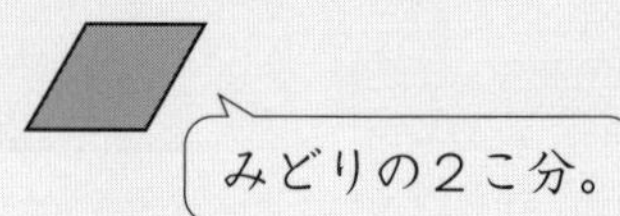

みどりの２こ分。

パーでかったら

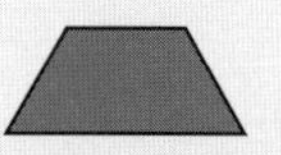

みどりの３こ分。

2 どちらがひろいかな

まずは，全体で広さの比べ方を考えさせる。

子ども達は，緑の何個分かで考えるだろう。実際に，全て緑に変えて，緑の何個分かで比べさせる。その後，「緑の何個分かで比べなくてもいい」という児童が出てくるので，その考えも扱う。

3 他の方法で比べられるかな

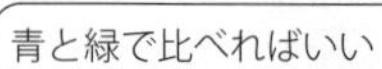

緑の何個分でなくても比べられるかな
青と緑で比べればいい
赤１こと緑１こは同じ

まず同じ色のものを見つけさせる。赤１個と緑１個が同じなので，同じ広さであることを押さえる。そして，「あと何が残るかな」と問いながら，青１こと緑１個が残ることを確認し，アとイのどちらが広いかを考えさせる。

この相殺の考え方は，理解できない子どももいるので，少しずつ考えさせるようにしたい。

本時の評価

・パターンブロックの広さの比べ方を考え，比べることができる。

準備物

・パターンブロック（提示用・児童用）

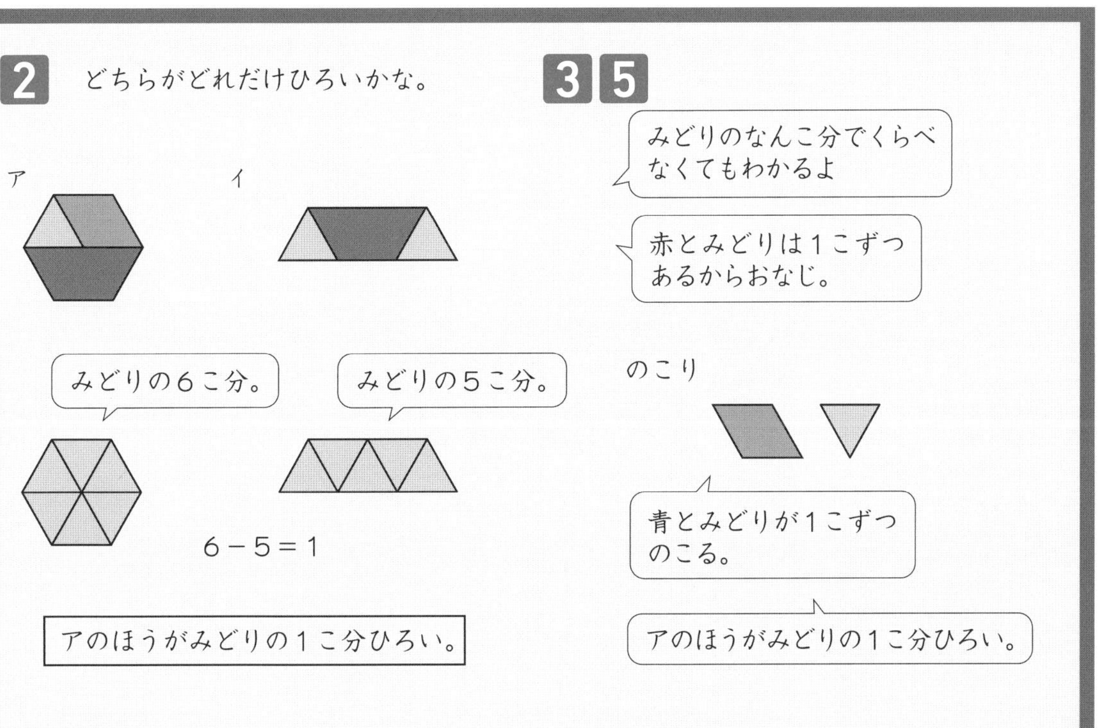

4 お隣の人と広さゲームをしよう

隣の友達とじゃんけんをして，広さくらべゲームをさせる。もう一度ゲームのルールを確認してから始める。

10回ぐらいじゃんけんができるように，時間を決めてじゃんけんをさせるようにするとよい。

5 どちらがどれだけ広かったかな

時間で切ったら，その都度，どちらがどれだけ広かったか，隣の友達と考えさせる。

比べ方はどちらの方法でもよいが，言葉で説明させながら，広さくらべをさせるようにする。

広さ比べがすぐにできるようになったら，じゃんけんの時間を増やしていく。

全12巻単元一覧

第１学年 ■ 上

1 なかまづくりとかず
2 なんばんめ
3 たし算(1)
4 ひき算(1)
5 長さくらべ
6 せいり（表とグラフ）
7 10より大きい数
8 とけい
9 ３つの数のけいさん
10 かさくらべ・ひろさくらべ

第２学年 ■ 上

1 グラフと表
2 たし算
3 ひき算
4 長さ
5 1000までの数
6 かさくらべ
7 時こくと時間
8 三角形と四角形

第３学年 ■ 上

1 かけ算
2 時こくと時間
3 わり算
4 たし算とひき算
5 長さ
6 あまりのあるわり算
7 大きな数
8 ２桁のかけ算
9 円と球

第１学年 ■ 下

11 たし算(2)
12 かたち
13 ひき算(2)
14 大きな数
15 たし算とひき算
16 かたちづくり

第２学年 ■ 下

9 かけ算(1)
10 かけ算(2)
11 1000より大きい数
12 長い長さ
13 たし算とひき算
14 分数
15 はこの形

第３学年 ■ 下

10 小数
11 重さ
12 分数
13 □を使った式
14 かけ算の筆算
15 二等辺三角形・正三角形・角
16 表とグラフ

第４学年 ■ 上

1 大きな数
2 折れ線グラフ・資料の整理
3 わり算の筆算
4 角
5 ２桁でわるわり算
6 倍の見方
7 垂直・平行と四角形
8 概数

第５学年 ■ 上

1 整数と小数
2 体積（直方体・立方体）
3 比例
4 小数のかけ算
5 小数のわり算
6 合同な図形
7 図形の角
8 整数の性質（偶数・奇数，倍数・約数）
9 分数と小数，整数の関係

第６学年 ■ 上

1 対称な図形
2 文字と式
3 分数と整数のかけ算・わり算
4 分数と分数のかけ算
5 分数と分数のわり算
6 比とその利用
7 拡大図・縮図
8 円の面積
9 角柱・円柱の体積

第４学年 ■ 下

9 小数，小数のたし算とひき算
10 式と計算
11 分数のたし算とひき算
12 変わり方
13 面積
14 小数のかけ算・わり算
15 立方体・直方体

第５学年 ■ 下

10 分数のたし算とひき算
11 平均
12 単位量当たりの大きさ，速さ
13 面積
14 割合
15 帯グラフと円グラフ
16 正多角形と円
17 角柱と円柱

第６学年 ■ 下

10 比例と反比例
11 場合の数
12 資料の整理
13 ６年のまとめ

監修者・著者紹介

[総合企画監修]

田中　博史（たなか　ひろし）

真の授業人を育てる職人教師塾「授業・人塾」主宰。前筑波大学附属小学校副校長，前全国算数授業研究会会長，筑波大学人間学群教育学類非常勤講師，学校図書教科書「小学校算数」監修委員。主な著書に『子どもが変わる接し方』『子どもが変わる授業』『写真と対話全記録で追う！ 田中博史の算数授業実況中継』（東洋館出版社），『子どもに教えるときにほんとうに大切なこと』（キノブックス），『現場の先生がほんとうに困っていることはここにある！』（文溪堂）等がある。

[著　者]（執筆順）

小松　信哉（こまつ　しんや）　**福島大学大学院人間発達文化研究科**

第１学年の授業づくりのポイント，単元１「なかまづくりとかず」

森本　隆史（もりもと　たかし）　**筑波大学附属小学校**

単元２「なんばんめ」，単元４「ひきざん(1)」，単元６「せいり（表とグラフ）」

永田美奈子（ながた　みなこ）　**雙葉小学校**

単元３「たしざん(1)」，単元５「ながさくらべ」，単元10「かさくらべ・ひろさくらべ」

中田　寿幸（なかた　としゆき）　**筑波大学附属小学校**

単元７「10より大きいかず」，単元８「とけい」，単元９「３つのかずのけいさん」

『板書で見る全単元・全時間の授業のすべて　算数　小学校１年上』
付録 DVD ビデオについて

・付録 DVD ビデオは，中田寿幸先生による「単元８　とけい　第２時」の授業動画が収録されています。

【使用上の注意点】
・DVD ビデオは映像と音声を高密度に記録したディスクです。DVD ビデオ対応のプレイヤーで再生してください。
・ご視聴の際は周りを明るくし，画面から離れてご覧ください。
・ディスクを持つときは，再生盤面に触れないようにし，傷や汚れ等を付けないようにしてください。
・使用後は，直射日光が当たる場所等，高温・多湿になる場所を避けて保管してください。

【著作権について】
・DVD ビデオに収録されている動画は，著作権法によって守られています。
・著作権法での例外規定を除き，無断で複製することは法律で禁じられています。
・DVD ビデオに収録されている動画は，営利目的であるか否かにかかわらず，第三者への譲渡，貸与，販売，頒布，インターネット上での公開等を禁じます。

【免責事項】
・この DVD の使用によって生じた損害，障害，被害，その他いかなる事態についても弊社は一切の責任を負いかねます。

【お問い合わせについて】
・この DVD に関するお問い合わせは，次のメールアドレスでのみ受け付けます。 tyk@toyokan.co.jp
・この DVD の破損や紛失に関わるサポートは行っておりません。
・DVD プレイヤーやパソコン等の操作方法については，各製造元にお問い合わせください。

板書で見る全単元・全時間の授業のすべて
算数 小学校１年上
～令和２年度全面実施学習指導要領対応～

2020（令和２）年４月１日　初版第１刷発行
2023（令和５）年６月30日　初版第３刷発行

監　　修：田中　博史
企画・編集：筑波大学附属小学校算数部
発 行 者：錦織　圭之介
発 行 所：株式会社東洋館出版社
〒101-0054　東京都千代田区神田錦町２丁目９番１号
コンフォール安田ビル２階
代　　表　電話 03-6778-4343　FAX 03-5281-8091
営 業 部　電話 03-6778-7278　FAX 03-5281-8092
振　　替　00180-7-96823
Ｕ　Ｒ　Ｌ　https://www.toyokan.co.jp

印刷・製本：藤原印刷株式会社

装丁デザイン：小口翔平＋岩永香穂（tobufune）
本文デザイン：藤原印刷株式会社
イラスト：すずき匠（株式会社オセロ）
DVD 制作：株式会社 企画集団 創

ISBN978-4-491-03989-3　　Printed in Japan